基礎基本シリーズ④

教員の在り方と資質向上

田邊昭雄
原田恵理子　著
森山賢一

大学教育出版

はじめに

　これからの時代は、第4次産業革命とされる人工知能（AI）が私たちの社会や生活を大きく変えていき、将来的には新たな職業が誕生するとされている。このような中で、児童生徒は、社会の変化を前向きに受け止めて柔軟に対応しつつ、豊かな創造性を備えて持続可能な社会の創り手として、未来の社会で自分らしく自立的に生き、さらには社会の形成者として参画することが求められ、そしてそのための資質と能力を確実に身に付けることが重要になってくる。このようなことから、教員は社会環境の急速な変化や学校を取り巻く環境変化に応じて、学校教育の課題や問題と向き合いながら、自ら学び続けることが重要になってくる。文部科学省の「これからの学校教育を担う教員の資質能力の向上について（答申）」でも、教員養成の段階から初任者・ミドルリーダー、管理職の段階において、そして組織の一員として現職研修を推進することが示されている。

　この背景には、現代社会における教職の重要性の高まりがある。教職課程の学生は、教職の意義、教員の役割・資質能力・職務内容等についての知識を身に付けて教職への意欲を高め、さらには適性を判断し、進路選択に資する教職の在り方を理解することが重視されている。また、現職教員は「主体的・対話的で深い学び」のための授業方法の改善や、教科を超えたカリキュラムマネジメントへの対応が重視されている。同時に、英語、道徳、ICT、特別支援教育など新たな課題への対応や、「チーム学校」の実現も重要とされている。

　そこで本書では、教職の意義及び教員の役割・職務内容（チーム学校への対応を含む）において4つの柱とされる「教職の意義」「教員の役

割」「教員の職務内容」「チーム学校への対応」の観点から基礎的基本的な事柄を取り上げた。教職課程の学生には教員の役割や職務内容を踏まえた教職の意義を理解して自己の進路選択に資することを、現職教員には教員としての在り方を見直すための知見を得ること、加えて充実した教員生活を送るために「メンタルヘルス」に関する知識を獲得することも目指している。

　教職を目指す学生、教師力を高めようとする現役の先生方の自学に、本書を役立てていただけると本望である。末筆になったが、本書の作成にあたり、筆者らの願いを短期間の中で的確なご助言で支えてくださった大学教育出版の中島美代子さんにお礼を申し上げる。

平成30年4月

原田　恵理子

基礎基本シリーズ ④
教員の在り方と資質向上

目　次

はじめに ……………………………………………………………………… 1

第1章　教職の意義 …………………………………………………… 9
　1　公教育の目的と教員 ……………………………………………… 9
　　（1）日本の教育に関する法体系　9
　　（2）公教育　10
　　（3）公教育の目的　12
　　（4）求められる教員　13
　2　教職の職業的特徴 ………………………………………………… 15
　　（1）教員の専門性とは　15
　　（2）教職の意義　17
　　（3）良き大人としての教員　22
　コラム：教師の魅力 ………………………………………………… 24

第2章　教員の役割 …………………………………………………… 25
　1　教職観の変遷と教員養成 ………………………………………… 25
　　（1）近代以前の教師像　25
　　（2）近代教授法の確立と教師像　26
　　（3）第二次世界大戦直後から　28
　2　教員に求められる役割と資質能力 ……………………………… 30
　　（1）人間性あふれる教師　30
　　（2）深い教育愛と使命感に満ちた教師　31
　　（3）「自ら学び、自ら考える」教師　33
　　（4）学習指導の専門職としての教師　34
　　（5）学級経営者としての教師　35
　　（6）学校・家庭・地域社会の連携推進者
　　　　　（コーディネーター）としての教師　36
　　（7）社会に開かれた教育課程の実現を目指す教師　36
　3　教育職員免許法による教員免許制度 …………………………… 40
　コラム：これからの時代に、教師が求められること ……………… 47

第3章　教員の職務内容 ……………………………………… 48
　1　教員の職務の全体像 ……………………………………… 48
　　（1）学習指導と生徒指導　*48*
　　（2）教員の仕事　*49*
　　（3）教員の職務　*53*
　　（4）校務分掌　*55*
　2　教員研修の意義と制度上の位置づけ …………………… *56*
　　（1）教員研修の意義　*56*
　　（2）制度上の位置づけ　*57*
　　（3）研修の種類　*60*
　　（4）法定の悉皆研修　*61*
　3　学び続ける教員像 ………………………………………… *62*
　　（1）学び続ける教員と研修　*62*
　　（2）学び続ける教員と育成指標　*64*
　　（3）濃淡のあるジェネラリスト　*68*
　4　服務上・身分上の義務と身分保障 ……………………… *69*
　　（1）身分保障　*70*
　　（2）服務上の義務　*70*
　　（3）身分上の義務　*71*
　コラム：教員1年目の過ごし方 ……………………………… *76*

第4章　チーム学校への対応 ………………………………… *77*
　1　チームとしての学校が求められる背景 ………………… *77*
　　（1）複雑化・多様化した児童生徒の課題　*77*
　　（2）教育現場にいる教員の現状　*78*
　　（3）新しい時代に求められる資質・能力を育む教育課程　*79*
　2　「チームとしての学校の在り方」について …………… *81*
　　（1）「チームとしての学校」とは　*81*
　　（2）チームとしての学校と家庭・地域・関係機関との関係　*84*
　　（3）国立学校や私立学校における「チームとしての学校」　*84*
　コラム：台湾の教育事情 ……………………………………… *86*

第5章　学校と地域の連携 ……………………………………………… 87
　　1　地域との連携・協働による学校教育活動の意義 ……………… 87
　　　（1）地域防災の拠点としての学校　87
　　　（2）開かれた学校　88
　　2　地域との連携を基にする教師の役割 …………………………… 92
　　　（1）事例1：地域ふれあい音楽祭　92
　　　（2）事例2：ふれあい子育てセミナー　94
　　　（3）事例3：ふれあい寺子屋塾　95
　　コラム：PTA活動への一考 ………………………………………… 98

第6章　教員のメンタルヘルス ………………………………………… 101
　　1　教員のメンタルヘルスの現状 …………………………………… 101
　　2　教員のメンタルヘルスの不調の背景 …………………………… 103
　　　（1）教員の業務量の増加と業務の質の困難化　103
　　　（2）教員の業務の特徴　104
　　　（3）職場における人間関係　105
　　　（4）教員の健康管理　105
　　3　教員のメンタルヘルスに対する予防 …………………………… 106

おわりに　………………………………………………………………… 111

資　料　…………………………………………………………………… 113

基礎基本シリーズ ④
教員の在り方と資質向上

第1章

教職の意義

1　公教育の目的と教員

(1) 日本の教育に関する法体系

　言うまでもないことではあるが、すべて教員は、日本国憲法とその憲法を遵守する法律に則って教育活動をつかさどることになる。これは、英米法系の「法の支配」を大原則とする我が国にあっては当然のことである。

　まず日本国憲法第26条第1項では、以下のごとく述べられている。

　　すべて国民は、法律の定めるところにより、その能力に応じて、ひとしく教育を受ける権利を有する。

　このように、国民の教育を受ける権利を定めたうえで、さらに、第2項では以下のごとく義務としての側面も定めている。

　　すべて国民は、法律の定めるところにより、その保護する子女に普通教育を受けさせる義務を負う。義務教育は、これを無償とする。

　このように保護者が、その保護する子女に教育を受けさせる義務をも定めているのである。つまりは本人の権利と保護者への義務という二重の観点から、子どもたちに対する教育を非常に手厚く保護するという構

造になっている。

　さて、この憲法上の権利の行使と義務の履行は、「法の支配」の原則から言えば、その実現を為政者に対して求めたものでもある。そこでその実現のために、教育基本法をはじめとする各種教育関係の法律が国会によって制定されているわけである。さらに、それをより具体化する意味で、政令・省令、各地方公共団体の条例を含む下位の法体系が整備されるという構造を取っているということになる。つまり、法体系としては以下のような上下関係があり、上位法は下位法に優先する。

> 憲法 ＞ 法律（国会が制定）　＞ 政令 ＞ 省令 ＞条例（自治体が制定）

　たとえば、学校教育法は国会が制定する法律、学校教育法施行令は内閣が制定する命令である政令、学校教育法施行規則は文部科学大臣が制定する命令である省令となる。これらを併せて法令と呼ぶこともある。

　また、公立学校に勤める教員は、地方公務員であるため地方公務員法の適用を受けるが、教育公務員でもあるので教育公務員特例法の適用も受ける。この場合、地方公務員法は一般法、教育公務員特例法は特別法と呼ばれ、特別法は一般法に優先される。特別法と一般法の関係は相対的なものである。

（2）公教育

　教育には公教育の他に家庭教育、私教育が存在する。私教育とは私塾や各種カルチャースクール、資格取得のための予備校などである。また、家庭教育については、以下のような教育基本法第10条第1項の規定がある。

> 　父母その他の保護者は、子の教育について第一義的責任を有するものであって、生活のために必要な習慣を身に付けさせるとともに、自立心を育成し、心身の調和のとれた発達を図るよう努めるものとする。

この第10条は、平成18(2006)年の教育基本法の改正に伴って、新設されたものである。これによって、子どもの教育にあたっては、第一義的に保護者が責任を有することが明示された。また、同時に以下に示す第2項において、国や地方公共団体が家庭教育支援のための施策を講ずるよう努めることも義務として規定された。

> 国及び地方公共団体は、家庭教育の自主性を尊重しつつ、保護者に対する学習の機会及び情報の提供その他の家庭教育を支援するために必要な施策を講ずるよう努めなければならない。

　さて、上記に比して公教育とは何か。公教育は一言で言えば、公の性質を有する教育である。教育基本法第6条第1項には以下のようにある。

> 法律に定める学校は、公の性質を有するものであって、国、地方公共団体及び法律に定める法人のみが、これを設置することができる。

　ここにいう「法律に定める学校」とは、学校教育法第1条に規定されている学校（幼稚園、小学校、中学校、義務教育学校、高等学校、中等教育学校、特別支援学校、大学及び高等専門学校）であり、その設置主体は国、地方公共団体、並びに私立学校法第3条に規定される学校法人ということになる。
　つまり、これらの法律に規定された学校こそが、我が国においては公の性質を有する公教育の実施主体であり、その学校の中で実際の教育活動を担う教員には、それゆえにこそ政治的中立性や一定の教育水準の保持などが必然的に要求されることになる。そして、それを担保するものとして、法制度上、教員に対しては、手厚い身分、並びに生活保障や研修制度が存在するという構成になっている。

(3) 公教育の目的

その前文で「日本国憲法の精神に則り、我が国の未来を切り拓く教育の基本を確立し、その振興を図るため、この法律を制定する」とされた教育基本法（平成18年法律第120号）は、その第1条で教育の目的を以下のように定めた。

> 教育は、人格の完成を目指し、平和で民主的な国家及び社会の形成者として必要な資質を備えた心身ともに健康な国民の育成を期して行わなければならない。

この教育基本法第1条の内容こそが、我が国における教育の目的であり、その目的は以下の3つであることが明示されている。

①人格の完成を目指す。
②平和で民主的な国家及び社会の形成者として必要な資質を備える。
③心身ともに健康である。

あらゆる教育活動は常にこの3つに鑑みて行われなければならない。

この第1条は、改正前（昭和22年法律第25号）に比べて、文言自体は若干短くなっているが、その分、第2条で教育の目標が詳細に述べられることとなった。

その第2条では、第1条の目的実現のために、学問の自由を尊重しつつ1号から5号までに挙げる5つの具体的目標を達成するために、あらゆる教育活動は行われるとしたのである。その具体的な5つの目標とは以下に示すとおりである。

一 幅広い知識と教養を身に付け、真理を求める態度を養い、豊かな情操と道徳心を培うとともに、健やかな身体を養うこと。
二 個人の価値を尊重して、その能力を伸ばし、創造性を培い、自主及び自立の精神を養うとともに、職業及び生活との関連を重視し、勤労を重んずる態度を養うこと。

三　正義と責任、男女の平等、自他の敬愛と協力を重んずるとともに、公共の精神に基づき、主体的に社会の形成に参画し、その発展に寄与する態度を養うこと。
　四　生命を尊び、自然を大切にし、環境の保全に寄与する態度を養うこと。
　五　伝統と文化を尊重し、それらをはぐくんできた我が国と郷土を愛するとともに、他国を尊重し、国際社会の平和と発展に寄与する態度を養うこと。

　これらの達成のために、各学校では学校教育目標を設定し、教育課程を編成することになる。ちなみに各学校において編成する教育課程とは、高等学校学習指導要領解説総則編（文部科学省、平成21（2009）年7月）によれば、以下のようである。

　　教育基本法や学校教育法をはじめとする教育課程に関する法令に従い、各教科・科目、総合的な学習の時間及び特別活動についてそれらの目標を実現するよう教育の内容を課程や学科の特色等に応じ、授業時数や単位数との関連において総合的に組織した各学校の教育計画

　なお、中学校編と小学校編では、それぞれの校種に合わせて文言が多少異なってくる。

（4）求められる教員
　上述のような教育の目的と目標を達成するためには、どのような教員が必要とされるのかという点が、次に重要となる。この点について、たとえば千葉県・千葉市は、その求める教員像として以下のような5項目を掲げており、教員採用選考の要項にも明示している。

　①人間性豊かで、教育愛と使命感に満ちた教員
　②児童生徒の成長と発達を理解し、悩みや思いを受けとめ、支援できる教員
　③幅広い教養と学習指導の専門性を身につけた教員
　④高い倫理観を持ち、心身共に健康で、明朗、快活な教員

⑤組織の一員としての責任感と協調性をもち、互いに高め合う教員
（平成31年度（30年度実施）千葉県・千葉市公立学校教員採用候補者選考実施要項より）

　これはかなりコンパクトにまとめられているが、次に示す東京都のものは、もう少し細かく具体的に記述されている。

　○教育に対する熱意と使命感をもつ教師
　　・子供に対する深い愛情
　　・教育者としての責任感と誇り
　　・高い倫理観と社会的常識
　○豊かな人間性と思いやりのある教師
　　・温かい心、柔軟な発想や思考
　　・幅広いコミュニケーション能力
　○子供の良さや可能性を引き出し伸ばすことができる教師
　　・一人一人のよさや可能性を見抜く力
　　・教科等に関する高い指導力
　　・自己研さんに励む力
　○組織人としての責任感、協調性を有し、互いに高め合う教師
　　・より高い目標にチャレンジする意欲
　　・若手教員を育てる力
　　・経営参加への意欲
（東京都教員人材育成基本方針〔一部改正版〕平成27（2015）年2月東京都教育委員会より）

　このように各自治体では、求める教員像をこれまでも示していた。しかしながら、国における教育の重要性に鑑み、より専門性の高い体系的な教員養成の枠組みの必要性が指摘されるに至った。
　平成27（2015）年7月の中央教育審議会教員養成部会の中間まとめ「これからの学校教育を担う教員の資質能力の向上について」の中では、以下のように述べられ、教員育成指標の作成の必要性が強調された。

近年の重要な教育課題や次期学習指導要領の検討状況も踏まえつつ、これらに教員が速やかに対応できる力を効果的に育成できるようにしなければならず、国、独立行政法人教員研修センター、教育委員会、学校、大学が互いに連携・協力しながら、体系的に養成及び研修を行っていくことが求められる。そのためにも、これらの関係者間でこのような課題への対応も含む教員の育成に関する目標が共有されることが不可欠である。

この方向性に則って、現在、各大学、各教育委員会の十分な連携の下に、教員養成から採用、そして採用後の研修体制までを視野に入れた体系の構築が目指されている。このような状況を踏まえて、次節では、教職の職業的特徴とそれに密接にかかわる「求められる教員像」を探っていこう。

2　教職の職業的特徴

(1) 教員の専門性とは

　教員は、基本的には教育というサービスを提供して対人援助を行う専門職である。その専門性を担保するものとして免許制が導入され、権利義務としての研修が法定化されている。さらに、その担保を強化する意味で、免許維持のために10年ごとの免許更新講習を受講・修了することが義務づけられているのである。このことからも、教員という職業は、それだけ高い専門性が要求されるものであるということがわかる。

　しかしながら、たとえば、医師や看護師、弁護士、公認会計士といった専門職に比して、教員の専門性は一般社会人との差を際立たせ難いという現状があるように思われる。それは、国民の誰もが自分自身が児童生徒として学校教育を経験しているからであり、同時に、その多くが親として子どもたちの教育にかかわっているからである。その中で、それ

ぞれの教育観が培われ、その教育観に裏打ちされた自分の考えを持っているのである。さらに、現代社会ではSNS等の利用により、それら個人の教育観を容易に不特定多数の人に向けて発信することが可能となっているのである。

　また、教員になっているわけではないが、大学時代に教職課程を受講したという人も多い。挙句には、免許制度の外にある予備校や塾の講師の方が教え方がうまいとまで言われてしまうこともある。

　そのような状況の中で、教員は専門家として教育活動を担っていかなければならない。ところが現状においては、教員による多くの教育活動は、一般的に「経験と勘」（田邊, 2012）に則って行われていることが多いと思われる。つまり、各自の経験則に則って教育が語られ、教育活動が行われているのであり、そうなると教員と一般社会人との間に大きな差はないということになってしまう。

　差があるとすれば、それは経験量の多寡だけということになる。一方で、経験量の多さは、経験則に則って行われる活動にとっては、その専門性を担保する一つの重要な要素となり得ることもまた事実である。しかし、この経験量の多寡の差だけに陥ってしまっているかに見える専門性をいかに「経験と勘」以上のものに高めていくかが、大きな課題であると言えよう。

　その専門性を高めるための一つの方法として免許更新制が導入され、各種研修制度が整えられているという側面もあるのである。さらに言えば、高度で専門的な知識・能力と実践的指導能力を兼ね備えた高度専門職としての教員を育成するために、平成20（2008）年度からは専門職学位課程としての教職大学院が設置され、修士を増やす努力がなされている。

　図1-1は台湾の國立岡山高級農工職業學校（日本の職業高校にあたる）の教員148人の学位の取得状況である。日本の修士にあたる碩士の学位を持つ教員が69.6％と、およそ7割を占めている。特に博士、修士

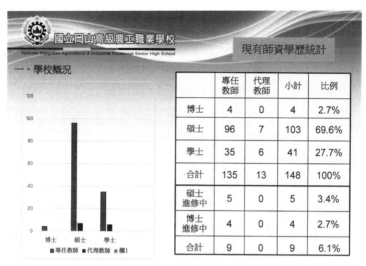

図1-1　岡山高級農工教員の取得学位状況
（岡山高級農工職業學校，2017年）

を取得中の教員が9名（6.1 %）いるのは日本の状況に比べれば驚きであるが、この岡山高級農工職業學校の状況が台湾においては特別ということではない。現在、筆者が進めている台湾の生徒指導体制（ガイダンス・カウンセリング体制）の調査の中で訪れた学校は、すべて似たような状況であった。

しかしながら、筆者が勤務した経験のある日本の高校では、教員数60人程度の学校で、博士を取得している教員は皆無であったし、修士取得者も5人程度に過ぎないという状況であった。今後、先にも述べた教職大学院の設置などとも相まって、教職修士の増加が予想され、日本におけるこの状況も変わっていくものと思われる。

（2）教職の意義

意義とは、他から際立たせる重要なものということである。教職という仕事は、他の仕事とは違う重要で崇高な面を持ったものである。これ

はその職務をみれば自明のことといってもよい。教育基本法前文にもあるとおり、我が国の未来を切り拓き、次代を担う子どもたちを有為に育て上げるのが、その職務であり使命だからである。

　それは、その国、その社会の伝統と歴史を重んじ、それを後世に伝えると同時に、逞しく未来を切り拓くことに直結するのである。そのために教員は際立つ専門性を持たなければならないというのが前項で述べたことである。しかも、その専門性は教科指導だけであってはならない。生徒指導や進路指導などの分掌の仕事においてもしかりである。

　さらには、その人間性、人格においても児童生徒のモデルとなるべき良き大人でなければならない。それゆえ、多くの自治体が教員採用において求める教員像として、教育愛、使命感、倫理観、責任感などを言葉は違えど強調するのである。それは、良き大人と接しながら育つということが子どもたちにとってはぜひとも必要だからであり、それが第一義的には保護者であったとしても、その一端を教員が担うということが望まれているからである。

　それゆえ、教職は他の職業と比して求められるハードルが、倫理性も含めて高くならざるを得ない。それでもなおかつ教員を目指すという「志」が教職を目指す者には求められるのである。

図1-2　スライド資料
(山地, 2015)

図1-2のスライド資料は、大学での教職概論の授業に際して、ゲストスピーカーとなった教員（教職5年目）が、学生用に作成したパワーポイント資料の1枚である。このスライドの前までこのゲストスピーカーは、教員の仕事の大変さをブラックという言葉まで使って強調していたが、最後に教育に携わる者の歓びをこの言葉で表現してくれた。そして「本当にやりがいのある仕事です」と言い切って締めくくってくれた。

「まっすぐなもの、原石に触れられる！」というこの言葉は、その職への喜びと同時に、そこにある原石をどのように扱うのかという責任と自覚を教員に問うている。そのことを表現した大変重い言葉であると受けとめられなければならない。

それでは、そのような職責を担う教員には、どのような資質能力が必要なのであろうか。これは中央教育審議会等の一貫したテーマでもあり、時代の必要性と子どもたちの実態とに応じながら様々に言われてきたが、言葉は違えど実質的にはそれほど大きく変わっているとは思えない。

たとえば、教育職員養成審議会「養成と採用・研修との連携の円滑化について（第3次答申）」（平成11（1999）年）の中では、教員に求められる資質能力を以下の3つにまとめている。

① いつの時代にも求められる資質能力

教育者としての使命感、人間の成長・発達についての深い理解、幼児・児童・生徒に対する教育的愛情、教科等に関する専門的知識、広く豊かな教養、そしてこれらに基づく実践的指導力などが不易なものとして挙げられている。

② 今後特に求められる資質能力

変化の波の大きなこれからの時代にあっては、児童生徒が自ら学び自ら考える力を培うことが期待される。その点からすると、教員には今後、自ら考えるとともに幅広い視野を持った教育活動を積極

地球的視野に立って行動するための資質能力

地球、国家、人間等に関する適切な理解
例：地球観、国家観、人間観、個人と地球や国家の関係についての適切な理解、社会・集団における規範意識

豊かな人間性
例：人間尊重・人権尊重の精神、男女平等の精神、思いやりの心、ボランティア精神

国際社会で必要とされる基本的資質能力
例：考え方や立場の相違を受容し多様な価値観を尊重する態度、国際社会に貢献する態度、自国や地域の歴史・文化を理解し尊重する態度

変化の時代を生きる社会人に求められる資質能力

課題解決能力等にかかわるもの
例：個性、感性、創造力、応用力、論理的思考力、課題解決能力、継続的な自己教育力

人間関係にかかわるもの
例：社会性、対人関係能力、コミュニケーション能力、ネットワーキング能力

社会の変化に適応するための知識及び技能
例：自己表現能力（外国語のコミュニケーション能力を含む。）、メディア・リテラシー、基礎的なコンピュータ活用能力

教員の職務から必然的に求められる資質能力

幼児・児童・生徒や教育の在り方に関する適切な理解
例：幼児・児童・生徒観、教育観（国家における教育の役割についての理解を含む。）

教職に対する愛着、誇り、一体感
例：教職に対する情熱・使命感、子どもに対する責任感や興味・関心

教科指導、生徒指導等のための知識、技能及び態度
例：教職の意義や教員の役割に関する正確な知識、子どもの個性や課題解決能力を生かす能力、子どもを思いやり感情移入できること、カウンセリング・マインド、困難な事態をうまく処理できる能力、地域・家庭との円滑な関係を構築できる能力

図1-3　今後特に教員に求められる具体的資質能力の例

（文部科学省　http://www.mext.go.jp/b_menu/shingi/old_chukyo/old_shokuin_index/toushin/attach/1315387.htm）

的に展開することが求められる。こうした中で今後教員に求められる資質能力について、図1−3のとおり例示されている。

①が不易流行の不易の部分としての資質能力であるとすれば、こちらは流行を代表していると言えよう。

③　得意分野を持つ個性豊かな教員の必要性

教員の資質能力の在り方については、画一的な教員像を求めるのではなく、生涯にわたり資質能力の向上を図るという前提の下、全教員に共通に求められる基本的な資質能力を確保すると同時に、プラスして各人の得意分野や個性の伸長を図ることが求められる。これこそが学校に活力をもたらし、学校の教育力を高めることになるのである。

さらに、中央教育審議会「教職生活の全体を通じた教員の資質能力の総合的な向上方策について（答申）」（平成24（2012）年）の中では、これからの教員に求められる資質能力を以下のようにまとめ、それらを最終的に学び続ける教員像に集約したといえる。

(ⅰ)　教職に対する責任感、探究力、教職生活全体を通じて自主的に学び続ける力（使命感や責任感、教育的愛情）
(ⅱ)　専門職としての高度な知識・技能
　・教科や教職に関する高度な専門的知識（グローバル化、情報化、特別支援教育その他の新たな課題に対応できる知識・技能を含む）
　・新たな学びを展開できる実践的指導力（基礎的・基本的な知識・技能の習得に加えて思考力・判断力・表現力等を育成するため、知識・技能を活用する学習活動や課題探究型の学習、協働的学びなどをデザインできる指導力）
　・教科指導、生徒指導、学級経営等を的確に実践できる力
(ⅲ)　総合的な人間力（豊かな人間性や社会性、コミュニケーション力、同僚とチームで対応する力、地域や社会の多様な組織等と連携・協働できる力）

(3) 良き大人としての教員

　良き大人として、児童生徒のモデリングの対象となるには、専門性が高く、崇高な職業としての自覚を持つというだけでは足りない。社会の中での子どもたちの在り方をしっかりと見据えていることが必要である。

　たとえば子どもの貧困の問題が言われている中、「子どもの貧困対策の推進に関する法律」が平成25（2013）年に成立し、平成26（2014）年1月17日に施行された。平成22（2010）年の国民生活基礎調査では、日本の相対的貧困率は全体で16.0％、子どもで15.7％、一人親世帯では50.8％となっており、この数字はOECD加盟国の中で最低に近い水準を示している。

　この「経済的貧困」は「貧困の文化」を形成し、さらに「発達の貧困」を生み出していくと言われる。「経済的貧困」の中には、当然教育費の問題も含まれる。「貧困の文化」とは暴力の文化であり、あきらめの文化である。それは、子どもたちのよく使う「どうせ」という言葉で代表される。そこから生ずる「発達の貧困」とは、自己肯定感の低下ということであり、行動の無謀化の増大ということである。この自己肯定感の低下は、学校教育におけるあらゆる問題行動の前提にあると言っても過言ではない。

　この「子どもの貧困」の問題は、「見ようと思わなければ見えない、見ようと思えば見えてくる」問題だという指摘は、ある講演会での浅井春夫（当時　立教大学）の言である。たとえ教員であっても、見えていない人（見ようと思わない人）は意外に多い。しかし、モデリングの対象となるべき良き大人への第一歩は、見ようと思う人になることである。現職教員及び教員を目指すみなさんが、良き大人として、そして学び続ける教員として、児童生徒にしっかりと向き合うことを願うものである。

【参考文献】

会沢信彦・田邊昭雄 編著　2016　学級経営力を高める教育相談のワザ⑬　学事出版

千葉県高等学校教育研究会教育相談部会　2015　台湾における輔導教師と日本のスクールカウンセラー、教育相談係　台湾研修報告書

保坂亨　2012　移行支援と子どもの発達　小野善郎・保坂亨 編著　移行支援としての高校教育 ―思春期の発達支援からみた高校教育改革への提言―　福村出版

小林芳子・片桐力・大鷲麻理・根本栄治・小鷺之博・石井幸江・門永由美　2016　〈輔導〉と〈学校教育相談〉～台湾研修報告～研修旅行を終えて見えてきたもの　高校教育相談　第32号 ―30周年記念号―　千葉県高等学校教育研究会教育相談部会

岡山高級農工職業學校　2017　日本參訪-岡農簡介

小野善郎・保坂亨 編著　2016　続 移行支援としての高校教育 ―大人への移行に向けた「学び」のプロセス―　福村出版

田邊昭雄　2012　ユーザーから見た学校心理学の研究成果の活用 ―学校におけるピア・サポートに関する研究を中心に―　教育心理学年報　第51集　日本教育心理学会

田邊昭雄　2015　部会設立30周年にあたって考えたこと　高校教育相談　第31号　千葉県高等学校教育研究会教育相談部会

田邊昭雄　2017　自ら学び、自ら考えるということ　第2次台湾研修 ― 参加者の声から―　高校教育相談　第33号　千葉県高等学校教育研究会教育相談部会

Wendy Wang　2015　新店高級中學生徒輔導工作架構介紹　新北市立新店高級中學

山地陽子　2015　高等学校の現状と実践 教職概論資料

コラム　教師の魅力……

　初任の頃、田舎に帰るたびに「ほ～ら、先生様が帰ってきた」と、今は亡きばあちゃんは誇らしげに私を迎えてくれた。様付けは尊敬を意味していた。少々恥ずかしくも誇らしく嬉しい思いだった。……が、今はどうだろうか。

　あれから40年近く経った今、時代も変わり世間の教師の見方も変わったことは真実だろう。教師への評価が高まったとは言い難い。とりわけ人気の高い公務員だが、その中でも特に教育公務員、すなわち教師に対する評価はシビアだ。ひとたび不祥事を起こそうものならば大きな非難を浴びることになる。先を生きるヒト？ ならば当然か。……いま一度、魅力ある教師像を考えてみたい。

　まず、どうすれば教師になれるのか。一般的には「教員採用選考受験～1次、2次選考の合格～当該校面接の合格」の順で、教員免許取得は絶対条件である。採用する側は各教育委員会、私学の場合は経営陣が行うことが一般的となる。

　では、現場はどんな人物を求めているのか。なんといっても「教師力」という資質と確固たる志ある人である。要は健康的で知力と情熱に富み、誠実で謙虚で前向きな人。また人に優しく自分に厳しい人。……なんだかスーパーマンのようである。こんな先生、本当にいるのか。……でも、採用する側は本当にこんな人物を求めているのである。教員を本気で目指すのであれば、まずは普段からそうなろうとする強い信念と努力を怠らないことが大事である。

　ご存知のことと思うが、先生方は教師としての資質向上を図るため、日頃から研究や研修に励んでいる。教育基本法第9条には「絶えず研究と修養に……」とその義務が明記されている。内容的には、自分の意志で、休みを活用して勉強会等に参加する自主研修をはじめとして、教育委員会が主催する各種の研修や教員1年目の初任者研修等がある。この他にも職場単位で行われる校内研修等もあり、それぞれ教師力向上に関連する勉強会が頻繁に行われている。……当然のことながら、研修内容は生徒たちに還元されるものになる。このように、現場の先生方でさえ常に学んでいるのだから、教職を学ぶ学生であればなおさらであろう。

　教師という仕事には、「未来社会に貢献する人づくり」という大きな役割がある。だからこそ奥深くやり甲斐があるのである。いま現場では、特に若い力が求められている。来たれ、学ぶ楽しさを伝えられる情熱ある若人よ。

元千葉県立市川工業高等学校校長　藤平　秀幸

第2章 教員の役割

1 教職観の変遷と教員養成

(1) 近代以前の教師像

　江戸時代、特に享保以降に庶民の子弟や子女を対象に、初等教育施設として普及した寺子屋は、初歩的、実用的な知識や技術の伝授に大きな役割を果たした。寺子屋での学問は、「読み書き算盤」と呼ばれる、読み方・習字・算数の習得をベースに、地理や人名、さらには書簡の作成の方法など、実生活に必要とされた内容が重視された。ここでの師匠は僧侶や武士、士官などであり、これらの人々の教師像は社会的に権威があり、尊敬された人物であったと言われる。

　ヨーロッパにおいてはどのような特徴があるのだろうか。アテネでは、すでにB.C.7〜4世紀には文法、音楽、体操の初等教育が展開されており、中等教育においては軍事訓練や高度な体育なども実施されていたが、ここでは、征服された市民、奴隷の中から、選抜された者、いわゆるパイダゴーゴス（教僕）が存在していた。パイダゴーゴスは常に子どもたちと一緒に生活し、文法、音楽の学塾や体操場への随伴、さらには躾の担当としての任務を負っていたが、その地位はきわめて低かった。さらに、B.C.5世紀頃になると、雄弁、修辞などの教養を教授する教師群であるソフィスト（Sophist）が出現したが、その地位は高く、いわゆる

職業としての教師の先駆けともいえる。

　中世ヨーロッパは「教会と国家」と称されるように、教育においても教会が主導権をもつようになったが、そこでの伝達の役割を担う者は、僧侶であった。したがって、キリスト教の僧侶が教師であったために、教師にはきわめて高い地位と高い評価がなされていた。

　このように、中世ヨーロッパにおいても、我が国においても、一般的に僧職にある者が教育者として携わることが多かったこともあり、教師の仕事は「聖職」であり「献身的」といった考え方が強かったようである。このことは、我が国の教師像の変遷に流れており、現代の教師像にも影響しているといえる。

(2) 近代教授法の確立と教師像

　我が国においては明治5 (1872) 年に学制が発布されたが、これは明治新政府の断行した開明政策の重要な一環であった。ここでは功利主義的、立身出世主義的な学問観と教育における四民平等の立場が貫かれているのであるが、まず文部省においては小学校の設置に全力を傾注し、さらにその小学校において教育を行う教師を養成することが急務とされた。この明治5年に公布された学制には、師範学校について規程がなされ、小学校教員の資格要件は男女ともに満20歳以上で、師範学校卒業免状あるいは、中学校卒業の免状を取得した者であること、中学校教員については、満25歳以上で大学免状を取得した者であることとされた。

　このような明治政府の考えは、学制を公布し、近代的教育制度を発足させ、全国に学校を設立していくうえで、その学校の教育を担う教員の養成までをも踏まえているものであったといえる。その具体的姿は、学制公布直前に我が国最初の教員養成機関である師範学校を設立したのに見ることができる。

　この東京師範学校は、アメリカの師範学校がモデルであり、アメリカ

人のスコット（Scott, M.M.）を雇い入れ、アメリカの教育方法を基にして我が国の小学校教育が構築されていった。このようにして寺小屋から近代学校への転回がなされ、個人的・個別的教授から、一斉教授法へと一大転換が図られたのであるから、これらの新しい教授法を理解した教師が必要不可欠だったのである。これが近代的教職に携わる近代的職業人としての教師の出現である。

　明治 6（1873）年 5 月には、「師範学校校則」を定め、修業年限を 2 年とし、明治 7（1874）年には、女子師範学校が設置され、大阪、宮城、愛知、広島、長崎、新潟の各地に官立師範学校の設置を見たが、東京師範学校と女子師範学校以外の官立師範学校は、その後、廃止され、各府県が設置していた教員伝習所や教員養成所といった教員養成機関が師範学校として改称された。これらは明治 19（1886）年「師範学校令」によって整備され、制度化に至ったが、ここでの初代文部大臣の森有礼の尽力は大きい。

　この師範学校令は全文 12 条の勅令であり、その第 1 条において「師範学校ハ教員トナルヘキモノヲ養成スル所トス但生徒ヲシテ順良信愛威重ノ気質ヲ備ヘシムルコトニ注目スヘキモノトス」と明記された。いわゆる順良、信愛、威重の 3 気質である。この 3 気質は、かねてから森自身が描く理想の教師像であった。

　「順良」とは命令に従うことであり、目上に対して素直に従うこととして、校長、教頭などの立場にある者との関係に不可欠な徳性であるとした。「信愛」とは教師同士がお互いに助け合うことであり、仲良く信頼し合うこととし、教師間の交際を円滑にする徳性であるとした。「威重」とは命令を発したり、命令に従ったりする場合に不可欠のものであり、校長や教頭として一般教員に対する対応に必要な徳性であり、子どもに接する場合においても威厳をもつことが重要であることを示している。

このような教職観は、昭和20年代はじめの師範学校制度の終結まで長い間続いた。この教職観は「師範タイプ」と言われ、一般的に着実、真面目、親切であるという長所をもっていたが、それと同時に内向、偽善的で裏表があるといった短所をもった教員とされている。

（3）第二次世界大戦直後から

B29のじゅうたん爆撃と広島・長崎に対する原子爆弾の廃墟のなかで、昭和20（1945）年8月15日に我が国は敗戦を迎えた。これを境としてすべてのものは、まさにコペルニクス的転回を遂げたといってよいであろう。現人神・天皇は神秘のヴェールを脱いで人間宣言をなし、帝国憲法は廃棄されて強大な政治権力としての天皇制とその官僚、軍隊は解体された。万世一系の天皇と不滅の国体を信じていた国民は茫然自失、なすところを知らなかった。このような廃墟と虚脱状態のなかから新生日本は生まれ出た。無条件降伏の下、政治、経済、文化、何もかもすべて占領軍の指令に基づいて動き始めた。教育もまたその例外ではなかった。

昭和21（1946）年3月5日、連合国軍総司令部の要請により、日本の新しい教育体制樹立のために第1次の米国教育使節団（The Unitedes Education Mission to Japan）が来日した。これはストダード（G.D. Stoddard）を団長とする27名の団員である。連日の会合に日本側委員を加えて意見を交換し、新教育体制の具体的方策を樹立して3月末日マッカーサー元師に提出した。司令部は4月7日、これを発表し、今後の日本における教育政策は、この方針によって実施されるべきことを明らかにした。この報告書は形式的には単なる勧告書ではあるが、実質的には戦後の教育改革において重要指針となったものである。次にこの使節団報告書の、特に教職にかかわる要旨を挙げよう。

一つは、初等中等学校の教育行政についてである。この報告書では、

「教育民主化の目的のためには教育行政の地方分権」を勧告し、「文部省は技術的専門的援助と助言を重要な任務とし、学校に対する直接的な支配を及ぼすことは少なくすべきである」としている。地方教育に対しては、「都道府県市町村に、一般投票により選出された教育行政機関の創設」を提案している。「この機関には学校設置の認可、教員の免許状授与、教科書の選定等に関する権限を付与すべき」ことを述べている。また「学校における勅語の朗読、御真影の奉拝等の式の廃止」を勧告している。

次に「男女共学制による無月謝制の修業年限九か年の義務教育年限延長の改革案」を提案した。これが小学校6年、中学校3年の義務教育である。さらに「修業年限三年の上級中等学校の設置」を提案した。これは「無月謝で、将来は男女共学制を採用し、下級中等学校からの進学希望者全部に就学の機会を与えるべき」ことを勧告している。これが六・三・三の新学制であった。

「私立学校については、公私立共通の最低基準に従うこと以外は完全に自立性を保有する」よう、日本の私学のあり方についても勧告している。学校教育法、私立学校法に表れている私学の自主性は、ここにその根拠がある。

二つには、教授法と教師養成教育について「新教育の目的を達成するためには詰込主義、画一主義、忠孝のように上長への服従を強いる教授法は改められ、各自に思考の独立、個性の発展および民主的公民としての権利と責任とを助長するようにすべきである」とし、「修身は口頭の教訓によるよりもむしろ学校および社会の実際の場合における経験から得られる教訓によって行われるべきである」としている。

「師範学校も改革されるべきで予科制度を廃止して四年制の大学にすべき」ことを勧告し、さらに「教員免許状授与をなす教員養成機関は、公私とも師範学校と同程度の教育が必要であり、教育行政官および指導

官も教師と同等の教育を受けねばならぬ」ことを指示している。

　このような経過のなかで、教員の養成については、戦前から続いていた師範学校を中心とした制度から、「大学における教員養成」と「開放制に基づく教員養成」の原則が示され、大きく改められた。

　さらに、師範学校は廃止され、すべての教員養成機関が大学に昇格し、昭和24（1949）年には「教育職員免許法」が制定をみた。このようにして、我が国においては戦後に教職の専門性が確立されていったのであるが、その戦後の教員養成の特徴は、民主主義を基盤として一般的教養、教科専門教養、教職教養という「教師の三重の教養」を柱として今日に至っている。

2　教員に求められる役割と資質能力

　これまで見てきたように、教師像は時代の変遷とともに様々な特徴を映し出しているが、現代の我が国における学校教育は非常に多くの、そして困難な問題・課題を抱えているといってよい。このただなかにおいて教育活動の中心的役割を担う教師は、どのような資質をもたなければならないのであろうか。つまり、現代の教育に直接的に携わる教師の要件、在り方について考えてみたい。

（1）人間性あふれる教師

　やや古い答申であるが、平成8（1996）年の中央教育審議会答申においては、これからの学校像の重要な一点として「子供たちを、一つの物指しではなく、多元的な多様な物指しで見、子供たち一人ひとりの良さや、可能性を見いだし、これを伸ばすという視点を重視する」ことを掲げている。すなわち、子どもを「絶対的に見る、比べて見ない」という

見方が述べられており、ここでは一人ひとりの子どもの「人間性」が大きく問題とされなければならないのであって、他との比較によって考えられるものではない。その答申の中心課題は「生きる力」の育成が基本概念であるが、この「生きる力」の一つの大きな柱である「豊かな人間性」の育成は、「豊かな人間性をもった教師」によって初めて可能となり得るものである。教師には温かい心、豊かな人間性が期待される。

　では、この「豊かな人間性」とはどのようなものであろうか。ここでは少し立ち入って考えてみよう。「人間性」とは、「人間を人間たらしめる本質、あるいは人間の本質的諸特性の総称である」と言われるが、これまでの人間性の規定を概観してみると、そこには時代や社会に応じた様々な主観的・理念的要求が混在し、歴史的にも変化してきていることがわかる。たとえば本能の強調と経験・環境の強調、自然的本性の強調と人間のあるべき姿の強調、性善説や性悪説といった対立的見地が見られる。

　このように考えてみると、「人間性」とは非常に捉え難いもののように思われる。高久清吉は、大きく2つの意味から成り立っていると言い、それは「感性的存在」と「精神的存在」といった「両義性、二義性」的な性格の内在であると説明しているのである。現在、教育界で使用されている「豊かな人間性」「豊かな心」「ひろい心」は、同じ意味のものとしてつながっているとしているのである。

　教師は今日の教育において現代的課題と言える「人間性豊かな子どもの育成」にかかわって、なによりもまず、子どもを大きな発達可能性をもった存在として捉え、それを信じて教育に携わらなければならない。

（2）深い教育愛と使命感に満ちた教師

　教師は教育愛、人間愛をもたなければならないが、ここではかけがえのない子どもたちとの出会いの大切さが重要である。子どもは教師を選

べないし、教師も子どもたちを選ぶことはできない。ドイツの教育学者で、教育学体系樹立の祖として有名なヘルバルトは、教師の在り方について論じている中で「出会い（Begegnung）」について次のように述べている。

　　　子どもとの出会いの音階を即座に調整することが、教師を教師として特徴づける最大の技術である。

　換言すれば、子どもとの出会いの音階をすばやく的確に上げたり、下げたりすることができる技術を教師が身につけることの重要性を示したものである。一人ひとりの子どもの個性や心情はまさに十人十色であり、音階にたとえれば、上下様々な高さに広く分布している子どもたちの音階に対応していくためには教師の音階も子どもの音階の高低に応じ、自由自在に調整されなければならないのである。このことが行われなければ、その教師は自分の音階と同じ高さの子どもとしか出会えないことになるのである。このことは個性尊重を掲げる今日の教育においても重要な示唆を与えているものである。まず、子どもを真に心から理解するためには、教師の豊かな感受性、柔軟性が根本に存在しなければならない。さらに絶えず子どものそばにいてその立場を考え、教育者としての強い使命感をもって教育実践に携わる必要がある。

　ここで教師の「使命感」という言葉を挙げたが、これは毎日の教育実践のなかで、子どもとのふれ合いを通して湧き上がる教師の使命感であると言えよう。ヘルバルトの「子どもの内に人間の諸力が損なわれないままに満ち満ちているのを見てとり、この可能性としての力を現実の力にするという使命感」という言葉は、まさにここで取り上げた使命感の姿なのである。

（3）「自ら学び、自ら考える」教師

　教師においては、常に「自ら学び、自ら考える」ことがなければならない。そもそも自己教育、自己変革はすべての者に共通する課題である。教師は子どもの教育に直接かかわる立場の職業であるから、格別この課題は重要な意味を持っているのである。

　教師と自己教育についても、昔から優れた教育者や教育学者、教育思想家によって深い洞察が見られる。ヘルバルトは「子どもとともに自分自身を教育する」という、200年以上前に寄せられた言葉とは思えない現代性をもつ新鮮な言葉を残している。さらに、鹿児島師範学校等で教育学の教鞭を執った三浦修吾（1875〜1920）は、著書『学校教師論』の中で、「教師にとって最重要の資格は、教師自身が絶えず進歩をしていくということである」と述べている。また、19世紀の前半から半ばのドイツにおいて、教員養成制度の拡充期に師範学校長としてドイツ教育界に多大な功績を残したディースターヴェーク（F. W. Diesterweg, 1790〜1866）は、『ドイツの教師に寄せる教授指針』の中で教師の自己教育について、「教師は、自分自身を本当に教育し、陶冶すべく自ら努力している間だけ、他人を本当に教育したり陶冶したりすることができるのである」と言っている。

　玉川学園の創設者小原國芳は、このディースターヴェークの言葉を「進みつつある教師のみ人を教うる権利あり」と訳し、自ら示した教師訓と同様に教師たちや教師を目指す者に訴え続けた。

　近年、我が国においては「学び続ける教師」という言葉がさかんに使われているが、このこともここで取り上げた先人の思想の土台の上に位置づけられるだろう。

　日々の教育実践のなかで、子どもに「自ら学び、自ら考える力」を育てることは、教師自身がまず「自ら学び、自ら考える」ことを実現することによって初めて意味をもつものとなるのである。

（4）学習指導の専門職としての教師

　学校教育法第37条第11項において、教諭の職務は、「児童の教育をつかさどる」という規定があるが、具体的な職務内容については、授業及び指導計画、学級・学年経営、指導等を挙げることができる。

　ここにおいて教師として最も多くの時間、エネルギーを注ぐのは授業、特に教科教育であり、学校教育の中心的部分である。すなわち子どもから見れば、学校生活に大半を占めるのが教科の学習であるということになる。したがって、この教科の学習の時間が充実しているか否かは、当然、子どもたちにとってのよりよい学校の実現のためにも重要な課題の一つとなる。そのために教師は、教育課程の編成を実施し、教育の目的・目標を明確化し、その目的・目標達成のために教育内容の吟味を行い、教育計画を立てることが必要である。

　当然、実際に学習指導を行うには体系的で、なおかつ豊富な専門的な知識・技能が重要なことは言うまでもないことであるが、そのうえで「わかる授業」を展開しなければならない。ここでは教師の「授業を構成する力量」が問われることになるのである。

　ここで「わかる授業」とは2つの意味から捉えられる。高久清吉によれば、1つは「ついていけない子どもをなくそうとする授業」、2つは「生きた学力の習得と直結するような質の高い、本物のわかり方を目指す授業」である。

　このような考察から、特に後者を「よくわかる授業」とし、これは「はっきりわかる」「深くわかる」の2つの要素から成り立つわかり方と理解されている。この「わかる」の理解に従えば、「はっきりわかる」とは、授業において一連の内容の全体を1つの組み立て、つまり構造体として道筋立てて理解することであり、「構造的理解」と称されている。さらに、もう1つの「よくわかる授業」の要素である「深くわかる」とは、わかる主体、つまり子どもの内面に浸透するようなわかり方、すな

わち学習内容の本質によって心の底まで揺り動かされるようなわかり方である。つまり、これは「全心的理解」と称されている。このような「わかる授業」を目指して、教育方法的な検討や、教材の精選、子どもの思考体系などを深く捉え直し、取り組まなければならない。

その他にも学習指導上の課題としては、子どもの学習意欲を高める方策や、学習内容の習得と方法の習得の問題、基礎・基本の徹底などもろもろ大きな問題が挙げられる。

（5）学級経営者としての教師

ほとんどの学校では学級担任制がとられ、「学級」は教育のために人為的に組織されているにもかかわらず、あたかも自然のなりゆきのように存在している。したがって学校教育は「学級」という集団を単位として形成されているのであるが、近年いわゆる「授業崩壊」や「学級崩壊」の語の下に、「学級経営」が大きな問題になっている。ここでは学級自体が必要でないなどといった一方的、第三者的な見方もあるが、学校教育は集団の教育機関であり、子どもは集団の中で集団によって学習するのである。人は社会に出ても集団の中で生活を営んでいるのであり、社会集団の認識のない子どもが社会に出ていくと、今度はどのようなことになるのであろうか。このように考えていけば、学級経営をすべて無視し、集団の中での学習を回避することは不可能であるといえよう。このような観点から見れば、学級経営者としての役割は、ますます大きなものとなっていくであろう。

ドイツの教育学者ケルシェンシュタイナー（G. Kerschensteiner, 1854～1932）は、学級経営者としての教師は、「絶えずクラス全体に目を配って、一人ひとりの生徒の顔色を読み取る」姿勢が重要であることを記しているが、現代の教師においても大切な要素である。さらに、子どもの学習における基礎的な態度や行動様式の訓練、また、子どもの生

活指導に関しても重要な仕事である。このことにかかわるカウンセラーとしての教師の役割も、近年ますます重要となっている。

（6）学校・家庭・地域社会の連携推進者（コーディネーター）としての教師

　教育は学校教育の領域だけで行われるものではないことは当然であるが、これからの学校では学校・家庭・地域社会の3者の連携を図り、そのなかでの開かれた学校づくりが重要となってくる。生涯学習社会や情報化社会の進展のなかで、「開かれた学校づくり」への期待はますます強くなってきている。教師としても、学校を経営する一ステップとして開かれた学校とはどのようなことであるのか、「内に開く」とはどのようなことかを十分認識していく必要がある。

　現在、閉鎖的な学校から柔軟性を十分にもち、開放的な学校への転換が急速に進められているが、教師一人ひとりが単に学校の施設・設備の開放に理解を示すレベルではなく、家庭・保護者との教育情報の開示、教育活動の連携や、地域住民との情報交換を通じた教育への共通理解の推進なども積極的に進めなければならない。

（7）社会に開かれた教育課程の実現を目指す教師

　新学習指導要領が全面実施となるのは小学校では2020年度から、中学校では2021年度からである。また高等学校では2022年度から年次進行で実施となる。

　新学習指導要領はその10年後の2030年頃までの間、子どもたちの学びを支える重要な役割を担うことになるとして、これからの予測困難な時代を生きる子どもたちに必要な資質・能力を育てる学校教育の実現を目指したものである。

　そこで、情報化やグローバル化などの急激な社会的変化のなかで、子

どもたちが未来の創り手となるために必要な資質・能力を確実に備えることのできる学校教育を実現することが重要である。ここではよりよい学校教育を通して、よりよい社会を創るという目標を学校と社会が共有して実現することや、学校教育を通じて子どもたちが身に付けるべき資質・能力や学ぶべき内容などの全体像をわかりやすく見渡すことのできる学びの地図として学習指導要領を示して幅広く共有することが必要である。

そこで、「これからの教育課程の理念を社会に開かれた教育課程」とし、教育課程を介して目標を社会と共有し、育成を目指す資質・能力について明確化し、その目標の実現に向けて社会との連携を図ることが示された。

これらの実現のために学習指導要領の枠組みの見直しがなされ、そこでは、①何ができるようになるか、②何を学ぶか、③どのように学ぶか、④子ども一人ひとりの発達をどのように支援するか、⑤何が身に付いたか、⑥実施するために何が必要か、という枠組みが明確化された。

「何ができるようになるか」については、育成を目指す資質能力の「3つの柱」すなわち「知識及び技能」「思考力、判断力、表現力等」「学びに向かう力、人間性等」として掲げ、学習する子どもの視点に立って、育成を目指す資質能力の要素として位置づけた。

「何を学ぶか」については、各教科等で育む資質能力を明確化し、目標や内容を構造的に示すこととし、学習内容の削除は行わないうえで、教科・科目の見直しが行われた。

「どのように学ぶか」については、「主体的・対話的で深い学び」に向けた授業改善を行うことで学校教育における質の高い学びを実現し、子どもたちが学習内容を深く理解し、資質能力を身に付け、生涯にわたって能動的（アクティブ）に学び続けるようにすること、「主体的、対話的で深い学び」を実現することが重要であるとした。

「子ども一人ひとりの発達をどのように支援するか」については、子どもの発達を踏まえた指導に言及し、具体的には学習活動や学校生活の基盤となる学級経営の充実や学習指導と関連づけた生徒指導の充実、特別活動を要とし、各教科等の特質に応じたキャリア教育の充実、個々に応じた指導や、インクルーシブ教育システムの構築を目指す特別支援教育の充実などが示された。

平成28（2016）年12月の中央教育審議会答申「幼稚園、小学校、中学校、高等学校及び特別支援学校の学習指導要領等の改善及び必要な方策等について（答申）」では、「教育課程とは、学校教育の目的や目標を達成するために、教育の内容を子どもの心身の発達に応じ、授業時数との関連において総合的に組織した学校の教育計画であり、その編成主体は各学校である。各学校には、学習指導要領等を受け止めつつ、子どもたちの姿や地域の実情等を踏まえて、各学校が設定する学校教育目標を実現するために、学習指導要領等に基づき教育課程を編成し、それを実施・評価し改善していくことが求められる。これが、いわゆる『カリキュラム・マネジメント』である」と示されている。このことは「カリキュラム・マネジメント」が、各学校における教育課程の編成、実施、計画、改善にかかわる考え方の総称であることを意味しているのである。

さらに新学習指導要領総則においては、「児童や学校、地域の実態を適切に把握し、教育の目的や目標の実現に必要な教育の内容等を教科等横断的な視点で組み立てていくこと、教育課程の実施状況を評価してその改善を図っていくこと、教育課程の実施に必要な人的又は物的な体制を確保するとともにその改善を図っていくことなどを通して、教育課程に基づき組織的かつ計画的に各学校の教育活動の質の向上を図っていくこと」と定義がなされている。

特にこれからの教育課程においては、各教科等の枠を超え、各教科等の教育内容を相互の関係で捉え、学校の教育目標を踏まえた教科等横断

的な視点で教育内容を組み立て、組織的に配列していくことが重要であるとして、「カリキュラム・マネジメント」の視点が重要であるとした。この視点は情報モラル教育のさらなる充実においても同様に重要な視点である。

次に、評価については、「学習評価を多面的に見取る評価へ」というのが今後のキーワードになり、これまで教科等で行われてきた観点別評価の4観点をすべての教科等において「知識・技能」「思考・判断・表現」「主体的に学習に取り組む態度」の3つの観点に整理された。この根拠としては、学校教育法第29条第2項が定める「学力の3要素」といわれるもので、これに基づいて構造化がなされたということになる。

そして、目標に準拠した評価の実質化、教科・校種を超えた共通理解に基づく組織的な取り組みを促すということが示された。

それから、もう1つのポイントは「学びの地図」ということで、「学びの地図としての枠組み」に基づき、教育課程の編成・実施・評価を進めるということになる。この「学びの地図としての枠組み」では、育成される資質・能力に当たる「何ができるようになるか」、指導内容に当たる「何を学ぶか」、指導方法に当たる「どのように学ぶか」、学習評価に当たる「何が身に付いたか」、ということが明確に示されるようになる。特に「何を学ぶか」ということについては、「各教科等の見方・考え方」を明確化することになっているので、それによって、それぞれの指導改善が活性化されるという方向につながるのである。

3　教育職員免許法による教員免許制度

　平成27 (2015) 年12月の中央教育審議会答申「これからの学校教育を担う教員の資質能力の向上について」では、新たな課題やアクティブ・ラーニングの視点からの学校における授業改善等に対応した教員養成への転換をはじめ、学校インターンシップの教職課程科目への明確な位置づけ、さらにはこれまでの教科に関する科目と教職に関する科目の区分の大くくり化、そして最大の注目となっている教職課程コアカリキュラムの作成等、まさに教員養成、採用、研修の一体的改革の下に多くの提言がなされた。

　このように中央教育審議会答申において提言された内容については、現在一連の取り組みのなかで具体化されていく過程にあるが、本節においては教育職員免許法施行規則の改正について述べることとする。

　中央教育審議会答申において提言された内容を教育職員免許法施行規則の視点から見ると、1つは教職課程に係る科目の区分の大くくり化であり、2つは教職課程履修内容の充実である。

　まず、教職課程に係る科目区分の大くくり化について示すこととしたい。そもそも、この教職課程に係る科目区分の大くくり化については、平成28 (2016) 年11月に成立した教育職員免許法改正を受けたものであり、現行法においても教科に関する科目と教職に関する科目と、教科又は教職に関する科目に3つに区分されているものを大くくり化して、特に教科専門的な内容と教科指導法の内容を一体的に学ぶことができるように、教科及び教職に関する科目に改正がなされている。

　このように平成28年11月の教育職員免許法改正によって教諭の教職課程における科目区分が統合化されて教科及び教職に関する科目と位置づけられたわけだが、これと同様に養護教諭については養護及び教職に

関する科目、また栄養教諭については栄養に係る教育及び教職に関する科目とされている。

今回の教育職員免許法施行規則においてはこれを踏まえて、
① 教科及び教科の指導法に関する科目（幼稚園教諭については領域及び保育内容の指導法に関する科目）
② 教育の基礎的理解に関する科目
③ 道徳、総合的な学習の時間等の指導法及び生徒指導、教育相談等に関する科目
④ 教育実践に関する科目
⑤ 大学が独自に設定する科目

に整理される。

このように区分によって、具体的には、教科及び教科の指導法に関する科目においては、教科または領域の内容と教科指導法の内容を合わせて扱う授業科目の開設が可能となるわけである。

また、養護教諭、並びに栄養教諭においては、
① 養護に関する科目／栄養に係る教育に関する科目
② 教育の基礎的理解に関する科目
③ 道徳、総合的な学習の時間等の内容及び生徒指導、教育相談等に関する科目
④ 教育実践に関する科目
⑤ 大学が独自に設定する科目

となる。

今回の改正において、新しく規定された科目区分に大学が独自に設定する科目が示されたが、これまでの改正前の区分である、教科又は教職に関する科目が前提に存在する。

以上のように教職課程に係る科目区分の大くくり化、さらには大学独自に設定する科目の規定は、各大学における教職課程カリキュラムに弾

力的かつ、躍動的な側面をもつものとして今後期待される。

　以下に2つ目の、教職課程履修内容の充実について示すことにする。ここでは学習指導要領改訂を踏まえて、現在の学校教育の現場において非常に必要とされる知識技能や資質能力について、養成段階である大学教職課程においてしっかりと履修が可能となるように、中央教育審議会答申の提言に基づき、その内容項目について教職課程科目として位置づけ、履修内容の充実を図っている。

　その具体的内容として、アクティブ・ラーニング（主体的・対話的で深い学び）の実現に向けた授業改善、道徳教育の充実、ICT教育の充実、特別支援教育の充実、チーム学校への対応、さらには学校と地域との連携、学校安全への対応、総合的な学習の時間の指導法、キャリア教育が挙げられる。

　これらの事項について、やや詳細に見てみよう。中央教育審議会答申においては、教職課程の見直しイメージ（図2-1～3）が示されており、施行規則においては、科目及び科目に含めることが必要な事項及び単位数等を規定している。

　今回新たに事項を設けるものが、以下の内容のものである。
・特別の支援を必要とする幼児、児童及び生徒に対する理解
・総合的な学習の時間指導法

　さらに既存の事項に含まれるべき内容を追加するものとしては、チーム学校への対応、学校と地域との連携、学校安全への対応、カリキュラム・マネジメント、キャリア教育である。また、各教科・保育内容の指導法においては、情報機器及び教材の活用を含むことが必要となる。

　上記以外に特記すべき点は、学校インターンシップ（学校体験活動）の位置づけである。この科目を大学が独自に設定する科目、または科目教育実習の一部として各大学において柔軟に対応できるようにしている。ここでは各大学での、教職課程カリキュラムの研究開発が重要と

第2章 教員の役割　43

【小学校】

現行

	各科目に含めることが必要な事項	専修	一種	二種
教科に関する科目 ※国語（書写を含む。），社会，算数，理科，生活，音楽，図画工作，家庭及び体育のうち一以上について修得すること		8	8	4
教職に関する科目	教職の意義及び教員の役割	2	2	2
	教員の職務内容（研修，服務及び身分保障等を含む。）			
	進路選択に資する各種の機会の提供等			
	教育の理念並びに教育に関する歴史及び思想	6	6	4
	幼児，児童及び生徒の心身の発達及び学習の過程（障害のある幼児，児童及び生徒の心身の発達及び学習の過程に関する事項を含む。）			
	教育に関する社会的，制度的又は経営的事項			
	教育課程の意義及び編成の方法	22	22	14
	各教科の指導法（一種：2単位×9教科，二種：2単位×6教科）			
	道徳の指導法（一種：2単位，二種：1単位）			
	特別活動の指導法			
	教育の方法及び技術（情報機器及び教材の活用を含む。）			
	生徒指導の理論及び方法	4	4	4
	教育相談（カウンセリングに関する基礎的な知識を含む。）の理論及び方法			
	進路指導の理論及び方法			
教育実習		5	5	5
教職実践演習		2	2	2
教科又は教職に関する科目		34	10	2
		83	59	37

見直しのイメージ

■の事項は編成にあたって単位数を設定

	各科目に含めることが必要な事項 ■教科に関する専門的事項（外国語）を追加。	専修	一種	二種
教科及び教科の指導法に関する科目	■各教科の指導法（情報機器及び教材の活用を含む）（各教科それぞれ1単位以上修得） ※「外国語の指導法」を追加。	30	30	16
教育の基礎的理解に関する科目	イ 教育の理念並びに教育に関する歴史及び思想 ロ 教職の意義及び教員の役割・職務内容（チーム学校への対応を含む。） ハ 教育に関する社会的，制度的又は経営的事項（学校と地域との連携及び学校安全への対応を含む。） 二 幼児，児童及び生徒の心身の発達及び学習の過程 ホ ■特別の支援を必要とする幼児，児童及び生徒に対する理解（1単位以上修得） ヘ 教育課程の意義及び編成の方法（カリキュラム・マネジメントを含む。）	10	10	6
道徳，総合的な学習の時間等の指導法及び生徒指導，教育相談等に関する科目	イ 道徳の理論及び指導法（一種：2単位，二種：1単位） ロ 総合的な学習の時間の指導法 ハ 特別活動の指導法 ニ 教育の方法及び技術（情報機器及び教材の活用を含む。） ホ 生徒指導の理論及び方法 ヘ 教育相談（カウンセリングに関する基礎的な知識を含む。）の理論及び方法 ト 進路指導（キャリア教育に関する事項を含む。）の理論及び方法	10	10	6
教育実践に関する科目	■教育実習（学校インターンシップ（学校体験活動）を2単位まで含むことができる。）（5単位） ■教職実践演習（2単位）	7	7	7
大学が独自に設定する科目		26	2	2
		83	59	37

※「教科に関する科目」，「教職に関する科目」，「教科又は教職に関する科目」の3区分は廃止し，総単位数以外は全て省令において規定。
※「教科及び教科の指導法に関する科目」，「教育の基礎的理解に関する科目」，「道徳，総合的な学習の時間等の指導法及び生徒指導，教育相談等に関する科目」においては，アクティブ・ラーニングの視点等を取り入れること。
※教育実習に「学校インターンシップ（2単位）」を含む場合は，他の学校種の免許状取得における教育実習の単位流用（2単位）を認めないこと。

図2-1　教職課程見直しのイメージ（小学校）（教職課程コアカリキュラムの在り方に関する検討会，2017）

[中学校]

現行

	各科目に含めることが必要な事項	専修	一種	二種
教科に関する科目		20	20	10
教職に関する科目	教職の意義及び教員の役割	2	2	2
	教員の職務内容（研修、服務及び身分保障等を含む。）			
	進路選択に資する各種の機会の提供等			
	教育の基礎理論に関する科目	6	6	4
	幼児、児童及び生徒の心身の発達及び学習の過程（障害のある幼児、児童及び生徒の心身の発達及び学習の過程を含む。）			
	教育に関する社会的、制度的又は経営的事項			
	教育課程の意義及び編成の方法	12	12	4
教育課程及び指導法に関する科目	各教科の指導法			
	道徳の指導法（一種・二種：2単位、二種：1単位）			
	特別活動の指導法			
	教育の方法及び技術（情報機器及び教材の活用を含む。）			
生徒指導、教育相談及び進路指導等に関する科目	生徒指導の理論及び方法	4	4	4
	教育相談（カウンセリングに関する基礎的な知識を含む。）の理論及び方法			
	進路指導の理論及び方法			
教育実習		5	5	5
教職実践演習		2	2	2
教科又は教職に関する科目		4	8	4
		32	59	35

見直しのイメージ

■の事項は備考者の各科目の指導法に関する科目において単位数を設定

	各科目に含めることが必要な事項	専修	一種	二種
教科及び教科の指導法に関する科目	□ 教科に関する専門的事項 ■ 各教科の指導法（情報機器及び教材の活用を含むこと）（一定の単位数以上修得すること）	28	28	12
教育の基礎的理解に関する科目	イ 教育の理念並びに教育に関する歴史及び思想 ロ 教職の意義及び教員の役割・職務内容（チーム学校への対応を含む。） ハ 教育に関する社会的、制度的又は経営的事項（学校と地域との連携及び学校安全への対応を含む。） ニ 幼児、児童及び生徒の心身の発達及び学習の過程 ホ 特別の支援を必要とする幼児、児童及び生徒に対する理解（1単位以上修得） ヘ 教育課程の意義及び編成の方法（カリキュラム・マネジメントを含む。）	10	10	6
道徳、総合的な学習の時間等の指導法及び生徒指導、教育相談等に関する科目	イ 道徳の理論及び指導法（一種・二種：2単位、二種：1単位） ロ 総合的な学習の時間の指導法 ハ 特別活動の指導法 ニ 教育の方法及び技術（情報機器及び教材の活用を含む。） ホ 生徒指導の理論及び方法 ヘ 教育相談（カウンセリングに関する基礎的な知識を含む。）の理論及び方法 ト 進路指導（キャリア教育の理論及び指導法を含む。）の理論及び方法	10	10	6
教育実践に関する科目	イ 教育実習（学校インターンシップ（学校体験活動）を2単位まで含むことができる。）（5単位） ロ 教職実践演習（2単位）	7	7	7
大学が独自に設定する科目		28	4	4
		83	59	35

※1 [教科に関する科目]、[教職に関する科目]、[教科又は教職に関する科目]の3区分は廃止し、総単位数以外は全て省令において規定。
※2 [教科及び教科の指導法に関する科目]、[教育の基礎的理解に関する科目]、[道徳、総合的な学習の時間等の指導法及び生徒指導、教育相談等に関する科目]において、教科等横断的な学習の視点から指導法を取り入れること。
※3 教育実習に学校インターンシップ（2単位）を含む場合には、他の学校種の免許状取得における教育実習の単位を流用（2単位）を認めない。

図2-2 教職課程見直しのイメージ（中学校）（教職課程コアカリキュラムの在り方に関する検討会, 2017）

第2章 教員の役割　45

【幼稚園】

現　行

	各科目に含めることが必要な事項	専修	一種	二種
教職に関する科目	教職の意義等に関する科目	教職の意義及び教員の役割／教員の職務内容（研修、服務及び身分保障等を含む。）／進路選択に資する各種の機会の提供等	6	6	4
			2	2	2
	教育の基礎理論に関する科目	教育の理念並びに教育に関する歴史及び思想／幼児、児童及び生徒の心身の発達及び学習の過程（障害のある幼児、児童及び生徒の発達及び学習の過程を含む。）／教育に関する社会的、制度的又は経営的事項	6	6	4
	教育課程及び指導法に関する科目	教育課程の意義及び編成の方法／保育内容の指導法／教育の方法及び技術（情報機器及び教材の活用を含む。）	18	18	12
	生徒指導、教育相談及び進路指導等に関する科目	幼児理解の理論及び方法／教育相談（カウンセリングに関する基礎的な知識を含む。）の理論及び方法	2	2	2
	教育実習		5	5	5
	教職実践演習		2	2	2
教科又は教職に関する科目			34	10	0
			75	51	31

見　直　し　の　イ　メ　ー　ジ

■の事項は後者において単位数を設定

	各科目に含めることが必要な事項	専修	一種	二種
領域及び保育内容の指導法に関する科目	イ 領域に関する専門的事項／ロ 保育内容の指導法（情報機器及び教材の活用を含む）	16	16	12
教育の基礎的理解に関する科目	イ 教育の理念並びに教育に関する歴史及び思想／ロ 教職の意義及び教員の役割・職務内容（チーム学校への対応を含む。）／ハ 教育に関する社会的、制度的又は経営的事項（学校と地域との連携及び学校安全への対応を含む。）／ニ 幼児、児童及び生徒の心身の発達及び学習の過程／ホ ■特別の支援を必要とする幼児、児童及び生徒に対する理解（1単位以上修得）／ヘ 教育課程の意義及び編成の方法（カリキュラム・マネジメントを含む。）	10	10	6
道徳、総合的な学習の時間等の指導法及び生徒指導、教育相談等に関する科目	イ 教育の方法及び技術（情報機器及び教材の活用を含む。）／ロ 幼児理解の理論及び方法／ハ 教育相談（カウンセリングに関する基礎的な知識を含む。）の理論及び方法	4	4	4
教育実践に関する科目	イ ■教育実習（学校インターンシップ（学校体験活動）を2単位まで含むことができる。）（5単位）／ロ 教職実践演習（2単位）	7	7	7
大学が独自に設定する科目		38	14	2
		75	51	31

※「教科に関する科目」、「教職に関する科目」、「教科又は教職に関する科目」、「教育の基礎的理解に関する科目」、「領域及び保育内容の指導法に関する科目」、「教育実践に関する科目」の3区分は廃止し、総単位数以外は全て省令において規定。
※「領域及び保育内容の指導法に関する科目」、「教育の基礎的理解に関する科目」、「道徳、総合的な学習の時間等の指導法及び生徒指導、教育相談等に関する科目」においては、アクティブ・ラーニングの視点等を取り入れること。
※教育実習に学校インターンシップ（2単位）を含んだ場合には、他の学校種の免許状取得における教育実習の単位流用（2単位）を認めない。

図2−3　教職課程見直しのイメージ（幼稚園）（教職課程コアカリキュラムの在り方に関する検討会, 2017）

なってくる。

　以上のような一般的事項を踏まえ、幼稚園教諭、小学校教諭、中学校教諭、高等学校教諭、養護教諭、栄養教諭といった、学校種ごとにそれぞれの規定が示されている。これらの教員職員免許法の改訂と連動して、平成27(2015)12月中央教育審議会答申「これからの学校教育を担う教員の資質能力の向上について」の提言においては、教員養成における全国的な水準を確保する観点から、教職課程を編成するにあたり参考とする指針である「教職課程コアカリキュラム」の作成が示され、平成28(2016)年8月には「教職課程コアカリキュラムの在り方に関する検討会」が文部科学省によって設置されるに至った。おおよそ1年間にわたる審議のなか、教職課程コアカリキュラムの策定がなされた。

　また、この教職課程コアカリキュラムの策定と同様に、前述の中央教育審議会答申において提言されている、英語教育に関する教員養成に必要なコアカリキュラムの策定についても、文部科学省委託研究「英語教員の英語力・指導力強化のための調査研究」の成果を踏まえて、外国語（英語）コアカリキュラムが策定された。

　これら2つのコアカリキュラムは、文部科学省中央教育審議会初等中等教育分科会教員養成部会課程認定委員会での審査において、確認事項として活用されるに至った。

　まさにこれらの教員養成改革の方向性は、教員養成における開放制の在り方そのものが問われているわけで、今後の教員養成に必要なカリキュラムという認識に立って理解しなければならないものである。

　なお、ここで取り上げた教育職員免許法施行規則改正の施行日は平成31(2019)年4月1日である。

コラム　これからの時代に、教師が求められること

　No.（ナンバー）は英語で正式に書くと number。では、どうして No.と略すのだろうか？　長年不思議に思っていたことだが、インターネットの時代になり、あっさりとその答えがわかった。語源となるラテン語の Numero から来ているようである。今やほとんどのことはインターネットで簡単に調べることができ、「物知り」が頭の良い人間の代名詞である時代は終わった。同時に「学ぶ」ということが、「知ること」から「考えること」に移り変わっていることもよくわかる。

　私は、10 年ほど前に、フィンランドの学校を訪問する好機を得た。フィンランドと言えば、OECD（経済協力開発機構）が行う学習到達度調査（PISA）で常に上位にランクインしている。しかし、年間授業日は 190 日で、OECD 加盟国（34 か国）の中で最も少なく、授業時間数も決して多いわけではない。ただ、国が学校教育にかける意気込みは感じる。1 クラス 20 名程度という少人数指導、教室には PC 等の情報機器が完備されており、授業は調べ学習が頻繁に行われている。私が見た授業は「教科横断型授業」というもので、これは日本の「総合的な学習の時間」のモデルになったと言われる。

　授業はグループ活動の形で行われる。1 つのテーマが与えられ、コンピュータ等を活用して調べ学習を行った後にグループ内でディスカッションをする。私は、その時の担当教師の姿に注目した。教師は生徒が調べ学習をしている間、常に活動を見て回り、質問に答えたり、アドバイスを行ったりしている。それはまるで生徒の活動を予測しているような正確なアドバイスであり、教師の質の高さとやる気を感じた。

　私は長年、数学の教師として教壇に立った。難解な問題を解くことが好きで、同様な生徒を見ると快感が走り、実に授業も楽しく行ってきた。しかし、視野を広げて「学び」を考えた時に、実は数学も一つのツールに過ぎない。社会を生き抜くための様々な課題を解決するために、数学で培った能力は必ず生きる。教師の役割は、有能な数学者を輩出することばかりではない。むしろ多くの場合、数学を好きにさせ、物事を論理的に考える力を身に付けて社会に貢献できる人材の育成が求められているのである。数学に限らず、これからの教師は専門教科について熟知したうえで、生徒に「考える力」を持たせることができるかどうかが問われることになるであろう。

千葉県立長狭高等学校 校長　鈴木　希彦

教員の職務内容

1 教員の職務の全体像

(1) 学習指導と生徒指導

　教員の職務の中心は、言うまでもなく児童生徒に対する学習指導と生徒指導である。学習指導は各教科の指導を通して行われる。また、生徒指導は学級（高校ではホームルーム）を中心にして、包括的生徒指導の考え方の下に、あらゆる教育活動を通じて行われることになる。

　それらの学習指導と生徒指導は、第1章で見てきた教育の目的を達成するために計画的に実施される。その具体的な指針が関連各法規と学習指導要領であり、それに基づいて各学校での教育目標が設定され、さらにそれらを基盤として学習指導、生徒指導が行われる。そして、学習指導、生徒指導ともに、基本的には学級単位で行われることになる。日本における学級は、学習集団であるとともに生活集団であるという2面性を持っているのである。

　それゆえに、学級担任の職責は非常に重要である。それは担任がどのような学級集団を作り上げるかということが、学習成果や生徒指導の効果に大きな影響を及ぼすからである。もちろん、その学級がどのような集団に成長するかは担任の力だけによるものでないことは自明であるが、それでもなお担任の影響力は大きいと言わざるを得ない。

現在、学習指導においては「アクティブ・ラーニング」や「主体的・対話的で深い学び」が強調され、生徒指導においては「コミュニケーション能力の育成」が協調されている中で、学級集団の育成はあらゆる面で重要である。その育成のためには、教員には従来からの「教える」という意味での「ティーチャー」としての役割の他に、集団を扱い育成する「ファシリテーター」としての役割の重要度が増してくる。「ファシリテーター」能力の育成が、今後の教員にとっての重要な課題となるであろう。

（2）教員の仕事
教員の仕事がどのようなものか、高校における典型的な1日の流れと年間の行事予定を通して概観してみよう。もちろん同じ教員といっても校種によって違いはあり、人によっても当然仕事内容に違いがあるので、そのことは念頭に置いておいてもらいたい。

1）教員の1日
図3-1は、ある高校での通常の教員の1日である。採用3年目の数学の教員が、母校の大学の「教職実践演習」の授業にゲストスピーカーとして呼ばれたときに作成した資料スライドである。

8：00　［出勤］
教員の長時間労働が問題になっている折、各地の教育委員会で勤務時間等の実態調査が行われている。この高校では9月の1か月間の出退勤の時間を調査したが、8時頃の出勤が事務職員を含む平均であった。ちなみに始業時間は8時25分である。

もちろん部活動の朝練習、進学等の課外授業等が設定されれば、7時前の出勤もあり得る。

8：25　［職員会議］
ここでは職員会議と出ているが、通常は朝の打ち合わせの時間である。

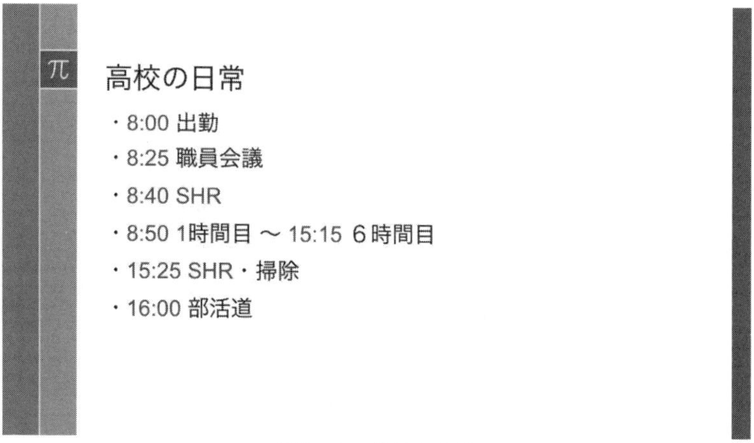

> **π 高校の日常**
> ・8:00 出勤
> ・8:25 職員会議
> ・8:40 SHR
> ・8:50 1時間目 〜 15:15 6時間目
> ・15:25 SHR・掃除
> ・16:00 部活道

図3-1　教員の1日
（真船, 2017）

　定例の職員会議はだいたい月に1回程度なので、急に職員会議が必要となった場合には、この時間帯で行うこと（生徒指導上の特別指導にかかる会議など）もある。この打ち合わせの時間に、その日の予定や各ホームルーム（HR：学級）への伝達事項が確認される。また、各分掌からの全体での共通確認事項などが提示される。

　なお、短い時間の中ではあるが、教頭にとっては、職員の出勤状況を把握する時間でもある。

8：40　［SHR（短学活）］

　ショートホームルーム（SHR：いわゆる短学活）の時間である。担任が、打ち合わせの時間に確認された事項をHRの生徒に伝え、出欠、遅刻等の確認をする。この時間帯、担任が出張、年休等で不在の場合には、担任に代わって副担任がHRでの仕事を行う。

　また、打ち合わせが始まる前からこのSHRにかけて、副担任を中心に交通安全や遅刻防止等を目的とした登校指導を行うことも多い。なお、この登校指導には生徒の様子を知るために、年に何回かはPTAの保護者も参加することがある。なおかつ、このような仕事は、学校の生徒指導

への取り組み状況を、地域に理解してもらうための広報的な活動でもある。

さらに、このSHR前後の時間を利用して、朝読書や学び直しの時間（10分程度の短時間）を設定している学校もある。実施がHR単位であるため、担任が対応する場合が多い。

8：50～15：15　［1～6時間目の授業］

教員の仕事の中心となる各教科の授業が時間割に沿って行われる。高校であれば1日の授業時間は平均して一人当たり3～4時間程度となる。この授業時間には、単に自分の専門教科・科目の授業を行えばよいというだけでなく、出席確認も重要な仕事である。高校であれば出席時間数は単位認定にあたって重要な資料となるので、無用なトラブルを防ぐ意味でもきっちりと行う必要がある。

また、時に在校生でない者が紛れていたという事例などもあり、安全管理上も重要である。自習監督などに行った際は、普段接する生徒と違うことも多いので、特に注意が必要となる。

授業が空いている時間も、授業の準備（実習系の科目であれば実習の準備、授業プリントの作成や印刷なども含む）や各自に割り当てられた校務分掌（教務部、生徒指導部など）上の仕事などが行われる。

たとえば、学校のステッカーを張った放置自転車があるという苦情があれば、その自転車を取りに行くこともあるし、怪我をした生徒につき添って病院まで行くこともある。何が起こるかわからないのが、児童生徒の生活する学校という場なのである。その一つひとつに丁寧に対応しなければならない。

15：25　［SHR・掃除］

帰りのSHRでは、生徒の確認、追加の連絡などが行われる。掃除の時間はSHRの前に全員で実施する学校とSHR後に当番制で実施する学校とがある。そして、各教員は自分の担当する掃除場所の監督を行う。ここでも出席確認は重要である。掃除をした者とサボった者の不公平感

をなくすためである。

16：00　［部活動］

　いわゆる放課後で、授業準備の他、課外活動である部活動の指導、課外授業の指導などが、それぞれの活動計画に則って行われる。他に職員会議をはじめとして、各分掌の会議、学年会議、教科会議などの会議も組まれる。その他、生徒会関係の会議や委員会関係の会議なども組まれるので、担当顧問の教員は出席することになる。

　また、成績不振や生徒指導上の必要性などから、家庭訪問や学校での保護者との面談が組まれることもある。さらには、遠足や修学旅行の関係から旅行業者、あるいは印刷業者、写真・アルバム業者、制服業者など、様々な業者との打ち合わせが必要な場合もでてくる。

　2）教員の1年

　次の表3-1は、3学期制の高校における1年間の典型的な行事予定である。

　模式的な表なので、すべてを網羅しているわけではないが、このような流れの中で1年間が過ぎていく。

　もちろん個別生徒面談は、1回だけに限らず適宜行われ、進路ガイダンスも学年に応じて年数回ずつ計画される。さらに保護者向けにも開催される。また、この表には出てこないが、進学や就職のための模擬試験も適宜実施される。さらには、公開授業や防災訓練なども計画され、多様な行事が盛りだくさんに行われることになる。

　以上、教員の1日さらに年間の仕事（高校の場合）を見てきたが、教員の業務は多種多様であり、特に担任業務は何でも屋の様相を呈している面もある。そのため日々の仕事に埋没してしまうことになると、ルーティンワークと堕してしまいやすい面もある。そうなることなく、深い教養に裏打ちされた高い専門性と教育理念を持ち続けることが必要である。

表3-1　教員の1年

4月	1学期始業式、新任式、入学式、新入生歓迎会、1年生オリエンテーション、課題テスト、進路ガイダンス、個別生徒面談
5月	球技大会、中間考査、自転車点検
6月	生徒総会、合唱祭、教育実習
7月	期末考査、答案返却（特別時間割）、大掃除、終業式、保護者面談、夏期課外講座、求人票公開
8月	夏休み
9月	始業式、課題テスト、文化祭、体育祭、センター試験願書受付
10月	中間考査、修学旅行
11月	
12月	期末考査、答案返却（特別時間割）、大掃除、終業式
1月	始業式、センター試験、同自己採点、3学年期末考査
2月	入学試験
3月	卒業式、1・2学年学年末考査、答案返却（特別時間割）、入学許可候補者説明会、大掃除、終業式

（筆者作成）

（3）教員の職務

　教員の職務については、学校教育法第37条第1項から第19項に規定されている。これは小学校についての規定であるが、他校種にも準用される。

1）校長

　「校務をつかさどり、所属職員を監督する」と規定されている。これは学校のあらゆる業務を統括して、その最終責任を負うということである。この監督責任については、昨今、広く理解され、監督責任を問われる場面は従前以上に多くなっている。

2）副校長・教頭

　「副校長は、校長を助け、命を受けて校務をつかさどる」「教頭は校長（副校長を置く小学校にあっては、校長及び副校長）を助け、校務を整

理し、及び必要に応じて児童（生徒）の教育をつかさどる」とあり、職員の監督権限を持つ校長とともに、学校経営を担う立場である。なお、副校長は任意規定なので、置かれていない学校は多い。高校では、定時制などに副校長を置き、校長の負担を軽減するケースも多く見られる。

　また、教頭は「児童（生徒）の教育をつかさどる」とあるとおり、場合によっては児童生徒の授業を直接行うこともある。これは高校では見られないが、義務制の学校ではむしろ一般的に行われている。さらには、膨大で多様な教頭業務の円滑な遂行のために、複数配置も進んでいるところである。

　3）主幹教諭

　「主幹教諭は、校長及び教頭を助け、命を受けて校務の一部を整理し、並びに児童の教育をつかさどる」と規定されている。教員間のリーダーであり、管理職を助ける役割である。一般に管理職とは解されていない。

　4）教諭

　「教諭は児童（生徒）の教育をつかさどる」とあり、校務分掌上での児童生徒の教育指導がその職務となる。当然のことながら、ここでいう教育は、教科指導に留まらず、特別活動や課外活動にも及ぶ。さらには、それらを通しての機能としての生徒指導も、その範疇に含まれることになる。

　5）養護教諭

　「養護教諭は、児童（生徒）の養護をつかさどる」と規定されており、養護が業務の中心となる。ちなみに養護とは、児童生徒の心身の健康を保護することであり、それによって成長・発達を促す活動である。近年、心の問題への対応の比重も増してきている。さらに、校長の命によって、部活動顧問など他の校務に携わることもある。

　また、複数配置も進んでいるところであるが、能率的かつ円滑な業務の遂行にあたっては、教頭の複数配置と同様、業務及び役割の明確な分

担が必要とされるであろう。

6）栄養教諭

「栄養教諭は、児童（生徒）の栄養の指導及び管理をつかさどる」とあり、その業務は学校給食にかかわる栄養管理及び食育指導がその中心となる。

（4）校務分掌

校務分掌とは、学校の多岐にわたる業務を全所属職員で分担して担当し、教育活動を円滑に進めるための業務分担組織である。図3-2は、主に高校を念頭に置いた基本的な校務分掌の分担模式図である。基本的な校務分掌を模式的に配置したものであるが、詳細はそれぞれの学校の実情に応じて決められることになる。

①の校長・副校長・教頭については管理職である。

また、②の各種委員会の中には、企画委員会あるいは運営委員会などと呼ばれる委員会があり、これは管理職と各分掌の責任者で構成され、各分掌間の調整のための機関となっている。その他の委員会としては、

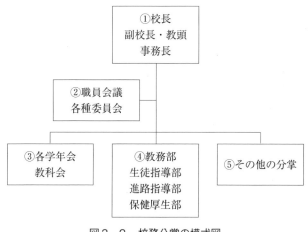

図3-2　校務分掌の模式図
（筆者作成）

同和・人権委員会、教育相談委員会、教科主任会議、学力向上委員会など多様なものが存在する。

職員会議は、学校教育法施行規則第48条第1項により「小学校には、設置者の定めるところにより校長の職務の円滑な執行に資するために、職員会議を置くことができる」(中学校・高校に準用)とされている。また、第2項には「職員会議は校長が主宰する」とあり、校長の職務の円滑な執行のための補助機関とされていて、最終決定は校長が行うことになる。

④に挙げられている分掌については、学校教育法施行規則に定められている当て職としての主任・主事、つまり教務主任、生徒指導主事、進路指導主事、保健主事がかかわる分掌を記した。また、当て職の主任としては、③の学年にも学年主任が置かれる。

⑤はその他、各学校の実情に応じて必要な分掌が設置される。たとえば、近年多いものに情報部などがある。ここでは成績や進路状況など、その学校に集まる生徒に関する情報を一括して管理している。一括管理をしていない場合は、成績は教務部、進路状況は進路指導部というように分散することになる。

2 教員研修の意義と制度上の位置づけ

(1) 教員研修の意義

まず、教育基本法第9条第1項は、「法律に定める学校の教員は、自己の崇高な使命を深く自覚し、絶えず研究と修養に励み、その職責の遂行に努めなければならない」と規定している。

つまり、教員には自己の崇高な使命の深い自覚の下に、絶えず研究と修養を積むことが求められており、この「研究と修養」こそが研修なの

である。そして、この研修は教員としての職責を遂行するために必要不可欠なものである。

「自己の崇高な使命」とは、第1章の教職の意義でも述べたとおり、次代を担う子どもたちの育成であり、その子どもたちのモデリングの対象となるべき良き大人たらんとする姿勢そのものである。これらを全うすることこそ、教員としての職責を全うすることにつながるのである。

それゆえ、教員研修は教員という身分そのものに求められるものなのである。そうであれば、研修の形態や在り方、内容などによる様々な分類の中でも、本来の在り方として重要となるのは、自己研修であると考えられる。それは、「研究と修養」に励む姿勢は、教員の自覚から発露してくるものでありたいとする、教育基本法第1条第1項の主旨とも合致する考え方である。

多くの教員は、内発的動機づけからの自覚的、自発的学習を児童生徒に求める。そうであれば、まず教員自らがそのような学ぶ姿勢、そのような自主的な研修への取り組みを実践しなければならない。

（2）制度上の位置づけ

教員研修は上述のような意義に則って行われるので、一般の公務員や企業の研修とは意味づけが違ってくる。通常の公務員の研修や企業研修については、主に作業能率の向上という側面が強調される。それに対して、教員の研修については、教育基本法第9条第1項に引き続き、第2項で「前項の教員については、その使命と職責の重要性にかんがみ、その身分は尊重され、待遇の適正が期せられるとともに、養成と研修の充実が図られなければならない」とされ、その身分保障と並んで研修の充実が求められており、第1項と合わせて権利と義務の関係として構成されているといえる。

先に見てきたように、教員研修は、まずもって自律的・自主的な自己

研修がその基本となる。ただし、自分自身で研修の機会（期間や組織、内容など）を探しだすことが、昨今の忙しい教育現場の状況の中で難しい状況にあることも事実である。ならば、資質の向上を目的とする各学校の設置者が提供する教員研修を、「やらされている研修」から積極的に「利用・活用する研修」へと質的転換を図る教員側の認識も重要となるであろう。賢いユーザーとしての意識を持つことで、既存のやらされ感のある研修を、各自にとって意味あるものとするのである。

さて、設置者が提供する教員研修として、各私立学校においては、それぞれの学校において研修が企画実施されるが、一部は一般財団法人私学教育研究所などに委託する場合や、民間の研修機関が請け負って実施するものなども存在している。本章においては、個々の学校において状況の異なりが大きい私立学校ではなく、ある程度同一性の高い公立学校の教員の場合を見ていくことにしよう。図3-3は、文部科学省が示している教員研修の実施体系である。

公立学校の教員研修については、教育基本法を受けて、教育公務員特例法第21条が規定されている。その第1項では「教育公務員は、その職責を遂行するために、絶えず研究と研修に努めなければならない」と規定することで、改めて教育公務員としての義務の側面を強調しているのである。

また、第2項は「教育公務員の任命権者は、教育公務員の研修について、それに要する施設、研修を奨励するための方途その他研修に関する計画を樹立し、その実施に努めなければならない」として、任命権者側の義務を強調することで、研修が教員の権利であるという側面を規定した。この規定を受けて、各自治体等には、教育公務員の研修に要する施設として、教育センターや教育研究所等が設置されている。

第3章 教員の職務内容

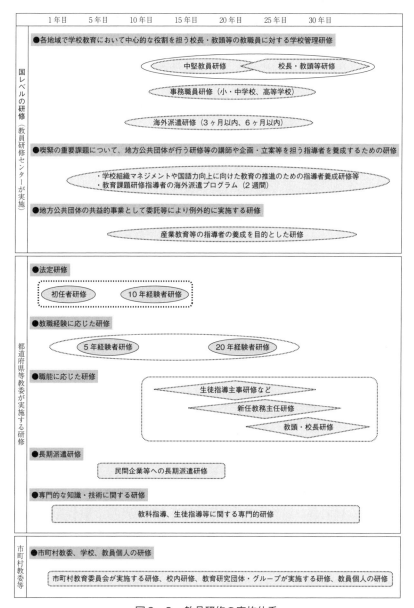

図3-3　教員研修の実施体系
（文部科学省　http://www.mext.go.jp/a_menu/shotou/kenshu/1244827.htm）

（3）研修の種類

　教員研修については、その実施内容にかかわる分類、服務上の形態にかかわる分類、機会にかかわる分類など様々な分類が考えられるが、そのいくつかを以下に見てみよう。

　まず服務上の分類としては、1）自主研修、2）職免研修、3）職務研修の3つがある。

1）自主研修

　後述の職免研修・職務研修のように勤務時間を使った研修ではなく、勤務時間外に行われる自主的な研修となる。

　教員は、前掲のとおりその人間性・人格についても児童生徒のモデルとなるべき存在であるから、プライベートな時間において読書、映画・演劇鑑賞、博物館や美術館への訪問など、教養を深めるようなこともその一環として重要になる。

2）職免研修

　いわゆる職務専念義務免除による研修である。

　地方公務員法第35条は「職員は、法律又は条令に特別の定めがある場合を除く外、その勤務時間及び職務上の注意力のすべてをその職責遂行のために用い、当該地方公共団体がなすべき責を有する職務にのみ従事しなければならない」として、地方公務員の職務専念義務を規定している。

　しかしながら、教育公務員特例法第22条第2項には「教員は、授業に支障のない限り、本属長の承認を受けて、勤務場所を離れて研修を行うことができる」とあり、本属長の承認の下、勤務時間内に勤務場所を離れて、研修のために職務が免除される場合についての規定が設けられている。法の主旨は、教員の自覚的・自発的な研修を求め、奨励するものである。勤務時間中であっても、授業に支障のない限りは、できるだけ研修への便宜を図ろうとする主旨と理解されている。

ただし、職免研修の場合は、便宜を図るためのものであるので、出張旅費の支給等の対応はない。

3）職務研修

これは職務の一環として研修を行う場合である。研修内容が教員の職務と密接に関連するものであって、その参加が職務遂行にあたり必要不可欠とされる場合に、職務命令によって職務として参加することになる研修である。後述の法定研修は職務研修の代表的な例である。

職務として行われるものであるから、勤務時間内に実施され、必要であれば出張旅費なども支給されることになる。しかし、これは職務命令によるものであるため、正当な理由なく参加を拒むことはできない。参加を拒否した場合は、職務命令違反となる場合もあると理解される。

（4）法定の悉皆研修

教育公務員特例法には、悉皆の法定研修として第23条に「1）初任者研修」、第24条には「2）中堅教諭等資質向上研修（法改正前の10年経験者研修）」が規定されている。

また、ここで述べている教員研修とは主旨を異にするものであり悉皆でもないが、第25条には「児童、生徒又は幼児に対する指導が不適切であると認定した教諭等に対して」指導改善を図るために必要な研修を実施することについての規定がある。いわゆる指導力不足教員に対する指導改善研修である。さらに教育職員免許法に「3）免許状更新講習」の規定が定められ、10年ごとに免許状を更新する際の講習が、一部を除いて全員に義務づけられている。

1）初任者研修

教育公務員特例法第23条第1項に「公立の小学校等の任命権者は、当該教諭等に対して、その採用の日から1年間の教諭又は保育教諭の職務の遂行に必要な事項に関する実践的な研修を実施しなければならな

い」と規定され、この期間は、教育公務員特例法第12条により条件附採用期間となっている。教員としての適性を見られるわけである。

2）中堅教諭等資質向上研修

第23条に規定の初任者研修同様に、教育公務員特例法第24条第1項には中堅教諭等資質向上研修の規定がある。教員として中堅となった時点での研修である。これは教育活動、並びに学校運営において中核的な役割を果たす上で必要な資質の向上を図ることが目的である。また、一通り慣れてきた段階で業務がルーティンワーク化しないための研修ともいえる。

3）免許状更新講習

教育職員免許法第9条の3に免許状更新講習の規定が定められている。免許状の更新がなければ教員を続けることはできない。また、教員を指導する立場にある者（校長や指導主事等）や、優秀教員の表彰を受けた者は、この講習の免除措置がなされることもある。

3　学び続ける教員像

（1）学び続ける教員と研修

「学び続ける教員像」は「教職生活の全体像を通じた教員の資質能力の総合的な向上方策について」（中央教育審議会、平成24（2012）年8月28日）の答申の中で強調された。

答申の中では、「教員は、教職生活全体を通じて、実践的指導力等を高めるとともに、社会の急速な進展の中で知識・技能が陳腐化しないよう絶えざる刷新が必要であり、『学び続ける教員像』を確立する必要がある。このような教員の姿は、子どもたちの模範ともなる」とされた。つまり、「学び続ける教員像」は、社会の急速な進展の中で従来の知識

や技能がすぐに古くなってしまい、常に新しい知識・技能が求められる現在の社会の中で必要とされる教員の在り方なのである。常に時代に見合った新たな知識・技能の更新が必要とされているのである。そして、その常に嬉々として学び続ける教員の姿勢そのものが、児童生徒の学びに対する姿勢のモデリングの対象とされるのである。

　教員にとっては、その職務遂行上、研修は必要不可欠である。それは、発達途上にある子どもたちの発達状況と社会の変化に合わせて、教育の目的を達成するために教育活動にかかわる者としての当然の責務である。それと同時に、教員が常に学んでいるという姿勢を示すことそのものが、児童生徒の学びの質を意欲という面で高めるものにつながるのである。

　そのために、教員にはその養成段階から採用、さらには採用後にわたって長期に及ぶ研修の体系が必要とされ整備されてきたのは、前節までに見てきたとおりである。

　しかしながら、これらの研修体制に甘んじてしまい、多くの教員には「研修は受けるもの」「（職務研修を念頭に置いて）研修はお金のかからないもの」との意識が強くなっていると言わざるを得ない面も見られる。同じく学校という場に職を持つスクールカウンセラーやスクールソーシャルワーカー等は、もちろん教育委員会が主催する研修会も無いわけではないが、自主的に研修会組織をつくり、限られた回数ではあるが、年間の研修計画を立てて自ら手弁当で研修を行っている。

　それゆえ教員も、「研修させられる教員」と堕してしまってはならない。あくまでも自主的に、自らの意思によって研修を進めていく、本当の意味での「学び続ける教員」であらねばならないのである。

　今後、行政側に期待されるのは、教育センター等で各学校から教員を集めてコース方式（たとえば、新任教務主任に必要な年間４日間のプログラムとか、年間３日間の教育相談基礎研修プログラムといったもの）

や、アラカルト方式（たとえば、「アクティブ・ラーニング」とか「読み聞かせ」とか何か一つの事項に特化した1日研修のようなもの）の研修を企画実施することばかりでなく、教員自身の必要性から、自ら企画した当事者自身の手作りの研修を、物理的にも経済的にも支援していくシステムではないだろうか。

　そのような支援ができて、初めて真に「学び続ける教員」を支援できるのであり、「学び続ける教員像」が描けるのではないかと思料する。

　法整備されたうえで、文部科学省や各教育委員会が実施する研修への参加はもちろん大切である。しかし、それだけでなく、現在の自分にとって必要な研修内容を自ら適切にアセスメントでき、より適切な研修を自ら選択できるという能力が、教員側にも必要とされるのである。それこそが本来の「学び続ける教員」であるといえる。そのためには、行政が提供するアラカルト方式の研修は、その力を育成することに大いに役立つであろう。ただし、提供されるアラカルト方式の研修は数が限られるため、自分にとって必要な研修が用意されないなどの問題が必ず生じる。そこで、前述のような自ら必要な研修を企画したり、様々な学会等の研修から自分に必要なものを見つけ出すという力が求められることになる。

（2）学び続ける教員と育成指標

　さて、教育公務員特例法の一部改正が平成29（2017）年4月1日に施行され、その中で高度専門職として教員が身に付けるべき資質能力を指標として示すことになった。指標の策定にあたっては、養成を担う大学、採用とその後の研修を担う教育委員会、並びに各学校現場で共通の認識を持って、個々ばらばらにではなく体系的に連続して教員の育成を図ることが求められている。そして、その指標に基づいた教員研修計画を策定することになる。これによって、学び続ける教員像を担保するための

法的枠組みが整えられることとなった。

　ところで一方、前項で見てきたとおり、筆者は学び続ける教員にとって重要なのは、現在の自身の状況をしっかりと理解し、自分にとって必要な研修内容を自ら選定し、それを自主的な研修に結びつける力であると述べてきた。

　これは前者がトップダウン型であり、後者がボトムアップ型であるという点で、一見矛盾するかのようである。しかしながら、具体的な研修方法は別として、学び続ける教員像を具現化するための大枠を提示したのが、各教育委員会の策定する育成指標であると考えれば、一般的な教員としてのキャリア発達の中で、現在の自分の位置とその先の進路を捉え直すための羅針盤の役割を果たすものとなろう。

　たとえば、表3－2に示した千葉県・千葉市教員等育成指標においては、養成段階、採用段階、研修段階のそれぞれにおいて必要とされる力についてまとめられ、4つの項目に分類されている。いわく、「教職に必要な素養」「学習指導に関する実践的指導力」「生徒指導等に関する実践的指導力」「チーム学校を支える資質能力」の4つを教員にとって必要な資質能力として、その構成要素についても具体的に提示しているのである。さらに、研修段階においては、教員のキャリア発達をステージⅠ（成長期）、ステージⅡ（発展期）、ステージⅢ（充実期）の3つのキャリアステージに分けてはいるが、基本的に別の資質能力があるとしているわけではない。

　それらは、「教職生活全体を俯瞰しつつ、自らの職責、経験、適正に応じて更に高度な段階を目指す手掛かりとなるもので」あり、「先生方が、効果的・実践的な学びを自ら続けるための目安となるものとして策定し」た（平成30 (2018) 年3月15日千葉・茨城地域私立大学教職課程研究連絡協議会における説明資料「千葉県・千葉市の教員等育成指標について」より）ものとしているのである。

表3-2 千葉県・千葉市教員等育成指標

「千葉県の教育の振興に関する大綱」及び「千葉県教育振興基本計画『新 みんなで取り組む「教育立県ちば」プラン』」より 第2期千葉県教育振興基本計画より

			千葉県・千葉市が求める教員像	養成段階	ステージⅠ【成長期】（学級経営、担当教科指導等）学級・教科担任等としての自覚と資質能力の向上	ステージⅡ【発展期】（学年経営、校務分掌主任等）のミドルリーダーとしての自覚と資質能力の向上	ステージⅢ【充実期】（学校運営等 指導・助言）（チーム学校をリードする）自覚と資質能力の向上
目標	信頼される質の高い教員の育成を目指して						
四つの柱	構成要素						
	○使命感 ○責任感 ○教育的愛情 ○高い倫理観 ○服務規律の遵守		○人間性豊かで、教育愛と使命感に満ちた教員	○教職の意義 ○教員の役割 ○教職への意欲 ○課せられる義務等	教員としての職務に対する使命感、情熱をもっている。また、教育的愛情、責任感、高い倫理観をもち、公正に職務を遂行している。	教職に対する使命感、責任感、教育的愛情を備え、職務遂行のため、教職公務員としての高い倫理観をもち、服務規律を遵守し、実践にあたっている。	教職に対する強い使命感をもち、教職員全体への指導・助言を行い、服務規律を遵守する自覚と資質能力の向上。
教職に必要な素養	○社会性 ○コミュニケーション能力 ○広い視野 ○学び続ける意欲 ○社会の変化への対応			○教員としての広い視野や教養等を身に付けるとともに、学び続ける意欲やコミュニケーション能力を育む。	社会性、コミュニケーション能力等を備え、学級、幼児児童生徒、保護者、地域等と関わっている。	広い視野をもち、教員としての資質能力の向上のため、職務に応じて必要な知識や技能を取り入れ、研究と修養に努め、新たな実践にあたっている。	教職員全体の研究と修養に努め、新たな実践にあたるよう、リードする。
	○教職に関する教養			○教育の理念・歴史・思想や社会的・制度的・経営的事項等について基礎的な知識（選択）	教育に関し、社会的・制度的事項やその意義、歴史等について理解するとともに、教育の動向に関し情報収集に努めている。		
学習指導に関する実践的指導力	○学習指導についての専門性		○教職に対する高い倫理観をもち、心身ともに健やかで、明朗、快活な教員	○学習指導要領、教育要領に示された教科領域のねらい・内容	教科等に関する専門性を生かした授業を展開し、授業改善に努めている。	教科等に関する専門性を生かした授業を展開し、主体的・対話的で深い学びの視点からの授業改善に努めている。	
	○授業実践 ○指導技術			○基礎的な学習指導理論 ○発達に応じた指導の過程 ○指導技術 ○具体的な授業設計・保育を構想する方法	地域や幼児児童生徒の実態を把握し、単元など内容や時間のまとまりの中で、体的・対話的で深い学びの視点からの授業改善に努めている。	地域や幼児児童生徒の実態を把握し、問題解決的な学習過程を展開するとともに、習得・活用・探究のバランスの取れた授業改善に努めている。	
	○特別な支援を必要とする幼児児童生徒への学習上の支援			○特別な支援を必要とする幼児児童生徒に対する学習上の困難の把握と支援の方法	特別な支援を必要とする幼児児童生徒について連携しながら、個別に学習上の支援を工夫している。	特別な支援を必要とする幼児児童生徒についてその状況を把握し、家庭や他の教職員、関係機関等と連携して学習上の支援の工夫を行っている。	

第3章　教員の職務内容

大分類	項目	指導の在り方	教員像
生徒指導等に関する実践的指導力	幼児児童生徒理解・信頼関係の構築・生徒指導	○幼児児童生徒の心身の発達の過程・特徴 ○生徒指導の意義・原理・進め方	○幼児児童生徒の心身の発達の特徴や現在の状況等を理解するとともに、幼児等と信頼関係を構築し、学級経営をはじめ、集団の指導を行っている。	○幅広い教養と学習指導の専門性を身に付けた教員
	教育相談・個別指導	○学校における教育相談の意義・理論 ○教育相談を進める際に必要な基礎的知識	○幼児児童生徒一人一人の課題の解決に向け、個々の悩みや思いを共感的に受け止め、園・学校生活への適応や人格の成長を図っている。	
	特別な支援を必要とする幼児児童生徒の支援	○特別な支援を必要とする幼児児童生徒の発達・心身の特性 ○生活上の困難の把握と支援の方法	○特別な支援を必要とする幼児児童生徒の個々の状況を理解するとともに、家庭や他の教職員、関係機関等と連携しながら、その状況に応じた生活上の支援を行っている。	○幼児児童生徒の成長と発達を理解し、悩みや思いを受け止め、支援できる教員
	人権教育の推進・問題行動への対応	○人権教育の理念 ○理念に基づく、いじめ等の問題行動に対する適切な対応の在り方	○人権教育の理念のもと、いじめ、不登校、情報モラル等生徒指導上の課題に対し、家庭、他の教職員、関係機関等との連携を図りながら、幼児児童生徒に対し適切な指導を行っている。	
	進路指導・キャリア教育	○進路指導とキャリア教育の意義・理論 ○指導の意義と在り方	○幼児児童生徒の自己実現の視点に立った授業展開、体験活動、ガイダンスとカウンセリングの充実に努めている。	
チーム学校を支える資質能力	教育課程の管理・運用	○各学校で編成される教育課程の意義・方法 ○各学校の実情に合わせてカリキュラム・マネジメントを行うことの意義	○各学校で編成される教育課程を確実に実施するとともに、学校の実態に応じて教育課程を改善しようとしている。また、特別の視点から、学校の実態に応じて教育課程を改善しようとしている。また、特別の視点から、幼児児童生徒の編成について適切な対応に努めている。	○組織の一員としての責任感と協調性をもち、互いに高め合う教員
	校務分掌・他の教職員との連携・調整	○指導以外の校務も含めた教員の職務の全体像	○組織の一員としての責任感と協調性をもち、自分の役割を責任をもって、積極的に果たしている。	
	家庭や地域社会、関係機関との連携・協働	○取組事例を踏まえた家庭・地域との連携・協働の仕方 ○学校の担う役割が拡大する中、内外の関係機関との連携や、分担して対応することの意義・方法	○家庭や地域社会、関係機関との連携・協働に努め、地域とともに歩む学校づくりに取り組んでいる。	
	研修（研究）・体制	○研修と研究による資質能力の向上の方法	○研修（研究）における成果や課題を把握し、教員としての資質能力の向上を図るために必要な研修に修養に努めるとともに、校内研修体制づくりに取り組んでいる。	

（千葉県教育委員会HP　https://www.pref.chiba.lg.jp/kyouiku/soumu/press/2017/documents/h29_dai56gougian.pdf）

この指標を羅針盤として、教員としてのキャリア発達を自ら研修を通して構築していく中にこそ、学び続ける教員の姿が浮かんでくるのである。

（3）濃淡のあるジェネラリスト

大野（2013）は、アメリカなどのように、高度に専門化されたスペシャリストの組み合わせとてして組織される学校組織と違って、日本の学校の教員は濃淡の差はあっても一人ひとりが学習面、心理社会面、進路面、健康面等々包括的な姿を、つまり全体的な絵柄を描いている点に特徴があると述べている。これは児童生徒一人ひとりについても、クラス全体についても、そして学校全体についても同様である。つまり、日本の教員はジェネラリストとして、児童生徒個人についても、クラスや学校全体についても、常に包括的なホリスティックな存在として捉えてきたのである。そうすることで、専門家同士の狭間に落ち込んで、もがき苦しむ子どもたちや保護者を出さないような体制を作り上げてきたのである。

アメリカのようなスペシャリストの組み合わせとして組織されているところでは、スペシャリスト同士の専門性の境界にできる狭間（隙間）に落ち込み、支援の手が差し伸べられ難い子どもたちがどうしても生じてしまうことになる。

そうはいっても、長年の教員生活を続けていく経験の中で、また本人自身の性格や特性の中で、手厚くかかわれる部分とそうでない部分は自ずと生じてこざるを得ない。このような状況の中で、自ら進んで自主的に研修するということは、大野（2013）のいう濃淡を自身で把握し、それに応じて、濃い部分をよりきめ細やかな濃さに、淡い部分は多少なりとも色濃くできるようにしていくことにつながる。そして、その濃淡の個所の違う絵を持つジェネラリストとしての教員が何人か重なること

で、狭間に落ち込み苦しむ児童生徒や保護者をできるだけ出さないようにしていく体制へと繋がっていくのである。別の言葉でいえば、それこそが「チームとしての学校」の持つ意味でもあるのではないかと考えられる。

この「濃淡のあるジェネラリスト」としての教員という前提の下で、スペシャリストとしての専門スタッフとの協働が語られる時に、アメリカ型の多様な専門家集団の集まりとは違う、日本型の「チームとしての学校」が見えてくるであろう。

4　服務上・身分上の義務と身分保障

教育基本法第9条第2項には、法律に定める教員は「その使命と職責の重要性にかんがみ、その身分は尊重され、待遇の適正が期せられるとともに、養成と研修の充実が図られなければならない」とされている。つまり、前項までに述べてきた研修の充実と並んで、その身分と生活待遇の保障がセットとして規定されている。裁判官等にも見られるとおり、その使命と職責の重要性から、それを担保する意味での身分と経済生活の保障は必要不可欠なものである。

教員は教育職員免許法に定められた免許状を授与された専門職であると同時に、公立学校の教員は地方公務員法の適用を受ける公務員でもある。それゆえ当然のことながら、日本国憲法第15条第2項「すべて公務員は、全体の奉仕者であって、一部の奉仕者ではない」という規定がそのまま適用されることになる。

ここでは特に、公立学校の教員の状況について見ていくこととする。

（1）身分保障

公立高等学校教員は地方公務員の、国立大学法人附属の学校、私立学校の教員は、それぞれの学校の職員としての身分を有する。

そして、地方公務員としての公立学校教員は、地方公務員法第27条第2項、同じく同条第3項に、この法律で定められた事由以外で、意に反して分限処分、懲戒処分を受けることはないとされている。

ちなみに分限処分とは、基本的に本人の意に反して行われる身分上の変更処分であるが、行為の制裁として科される懲戒処分とは違い、職務の遂行に著しく支障がある場合に、その効率的な遂行のためにとられる処分である。たとえば、精神疾患を理由とする休職などがこれにあたり、休職の他に降任、免職、降給が定められている。

懲戒処分とは、その職にあって果たすべき義務や規定に反した者に対して科される制裁としての処分であり、個人の行為の責任が追及される。その本質は勤務関係の秩序維持にあるといえる。種類としては、免職、停職、減給、戒告が定められている。その事由としては、法令違反の場合、信用失墜行為の場合、職務怠慢・義務違反の場合の3つである。

つまり、これらの処分規定が厳密に定められていることで、それ以外で恣意的に分限処分、懲戒処分を受けることはないということである。

（2）服務上の義務

1）服務の宣誓

地方公務員法第31条には「職員は、条例の定めるところにより、服務の宣誓をしなければならない」とあり、各自治体では、条例によって服務の宣誓について署名押印した宣誓書の提出を求めている。服務とは仕事に従事するということであるが、全体の奉仕者として住民に対して服務上の義務に従うことを誓うという意味を持つものである。

2）法令等及び上司の職務上の命令に従う**義務**

地方公務員法第 32 条には「職員は、その職務を遂行するに当つて、法令、条例、地方公共団体の規則及び地方公共団体の機関の定める規程に従い、且つ、上司の職務上の命令に忠実に従わなければならない」とある。

「上司の職務上の命令」とは何か。学校において上司とは校長、副校長、教頭ということになる。職務上の命令とはいわゆる職務命令であり、職務研修や出張命令などがそれに当たる。年度始めに行われる校務分掌の割り当てなどもこれに当たる。

職務命令は、口頭によるものであってもその効力を有するが、確実な実施のために文書による場合が多い。

3）職務に専念する**義務**

地方公務員法第 35 条には「職員は、法律又は条例に特別の定がある場合を除く外、その勤務時間及び職務上の注意力のすべてをその職責遂行のために用い、当該地方公共団体がなすべき責を有する職務にのみ従事しなければならない」とある。いわゆる職務専念義務の規定である。ただし、勤務時間内であっても、その義務が例外的に免除される場合がある。その場合でも公務が優先であり、校務に支障のない限りにおいて、校長等の承認の下でという条件が付くことになる。事由としては、研修、休業、育児休業などがある。

（3）身分上の義務

1）信用失墜行為の禁止

地方公務員法第 33 条には「職員は、その職の信用を傷つけ、又は職員の職全体の不名誉となるような行為をしてはならない」とある。公務員は全体の奉仕者であり、その職務において常に高い倫理性が要求される。その中でも教員は、発達途上の児童生徒にかかわる仕事であり、そ

のモデリングの対象となる良き大人であることが要求されるため、一般公務員に比べて、この規定はいっそう厳しく判断されることが多い。

「その職の信用を傷つけ」る行為とは、たとえば学校教育法第11条で厳しく戒められている体罰を行って、児童生徒の心身に傷を負わせてしまうなど、教員としての信用を直接的に傷つけてしまうような行為のことである。

また、「職員の職全体の不名誉」とは刑事罰をはじめとする不法行為にかかわることであり、中でも飲酒運転（酒気帯び運転）、わいせつ行為などの不祥事については、公務員制度全体の信頼を損ないかねないものである。教員に関しては、学校教育制度そのものへの信頼を失うものとなるので、勤務時間外の行動に関しても、常に全体の奉仕者としてのいっそうの責任と自覚ある行動が望まれる。

　2）秘密を守る義務

地方公務員法第34条第1項は「職員は、職務上知り得た秘密を漏らしてはならない。その職を退いた後も、また、同様とする」という、いわゆる守秘義務の規定である。成績や生徒指導上の記録、試験問題など、学校は児童生徒やその家族の個人情報を大量に抱えている。その流出防止及び保管・管理には十分に注意を払わなければならない。

　3）政治的行為の制限

教育基本法第14条第2項には「法律に定める学校は、特定の政党を支持し、又はこれに反対するための政治教育その他政治的活動をしてはならない」として、政治的中立性を規定している。

さらに、それら学校の中で多くを占める公務員に対しては、地方公務員法第36条第1項は「職員は、政党その他の政治的団体の結成に関与し、若しくはこれらの団体の役員となつてはならず、又はこれらの団体の構成員となるように、若しくはならないように勧誘運動をしてはならない」と規定し、全体の奉仕者たる立場として政治的行為の制限を設け

ている。

　特に教員に対してはその職責内容の重要性から、その地方公務員法の特別法としての教育公務員特例法第18条によって、一般の地方公務員よりもさらに厳しく政治的行為は制限されている。その制限は、勤務地の内外を問わない国家公務員と同等に扱われる旨定められているのである。

　国家公務員法第102条の規定により、職員は、政党または政治的目的のために寄附金その他の利益を求め、もしくは受領するなどの行為に関与してはならない。また、公選による公職の候補者となることができず、政党その他の政治的団体の役員、政治的顧問、その他これらと同様な役割をもつ構成員となることもできない。このように様々な制限が設けられているのである。

　それらはすべて、児童生徒の教育にあたって、政治的に偏ったものの見方、一方的な見方にならないよう、様々な考え方に触れることの必要性への配慮からである。

4）争議行為等の禁止

　地方公務員法第37条第1項では、「職員は、地方公共団体の機関が代表する使用者としての住民に対して同盟罷業、怠業その他の争議行為をし、又は地方公共団体の機関の活動能率を低下させる怠業的行為をしてはならない。又、何人も、このような違法な行為を企て、又はその遂行を共謀し、そそのかし、若しくはあおってはならない」と規定し、労働者の基本的権利とされる労働三権のうちの争議権を認めていない。しかし、その代償措置として勤務条件に関しては人事委員会が適切な勧告をする仕組みをとっている。

5）営利企業等への従事制限

　地方公務員法第38条第1項では、次のように述べられている。

職員は、任命権者の許可を受けなければ、営利を目的とする私企業を営むことを目的とする会社その他の団体の役員その他人事委員会規則（人事委員会を置かない地方公共団体においては、地方公共団体の規則）で定める地位を兼ね、若しくは自ら営利を目的とする私企業を営み、又は報酬を得ていかなる事業若しくは事務にも従事してはならない。

　先にも述べてきたように、公務員は全体の奉仕者であること、職務専念義務を有すること、信用失墜行為の禁止等の制約がある中で、それらを乱す恐れのある営利企業等への従事については厳しい制約が課せられている。
　しかしながら、特に教員に関しては、教育公務員特例法第17条第1項によって、本務に支障がない場合には、その教員の持つ専門性を社会に広く還元でき、公益に寄与できるようにするために、教育に関する他の事業に従事することができると規定されている。たとえば、教育委員会の許可を得て大学で教員養成のための非常勤講師をしている場合などがそれにあたる。いずれにしても予備校や塾、カルチャースクールの講師などはその対象にはならない。

【文献】
会沢信彦・田邊昭雄 編著　2016　学級経営力を高める教育相談のワザ⑬　学事出版
千葉県高等学校長協会生徒指導委員会第1分科会研究報告書　2013　関係機関との連携に関する研究　〜生徒指導主事と「教育相談コーディネーター」の役割を中心に〜　千葉県高等学校長協会
千葉県総合教育センター 編　2016　さわやか先生　千葉県教育委員会
羽田積男・関川悦雄 編　2016　Next教科書シリーズ 現代教職論　弘文堂
保坂亨　2012　移行支援と子どもの発達　小野善郎・保坂亨 編著　移行支援としての高校教育　—思春期の発達支援からみた高校教育改革への提言—　福村出版
真船裕太　2017　教育実践演習講義資料
小野善郎・保坂亨 編著　2016　続 移行支援としての高校教育　—大人への移行に向けた学びのプロセス—　福村出版
大野精一　2013　生徒指導における関係機関との連携　〜生徒指導主事と「教育相談

コーディネーター」の役割〜　平成24年度生徒指導委員会第1分科会研究報告書　千葉県高等学校長協会
田邊昭雄・富樫春人・髙橋閑子 編著　2015　いじめ予防と取り組む ―精神保健の視点から―　千葉県高等学校教育研究会教育相談部会

コラム　教員1年目の過ごし方

　教員は、採用されればすぐに一人前の教員として生徒や保護者の前に立たなければならない。初任者研修を終えてからというわけにはいかない。そこで、まず教員1年目の多くの人たちが実際に感じたことを取り上げてみたい。

A：教員生活がスタートしてからは、やること・学ぶべきことが多く、目まぐるしく日々が過ぎ去っていき、毎日がジェットコースターに乗っているような感覚で、あっという間に一年が終わってしまった。

B：授業、部活動、分掌の仕事など、やらなければならない仕事がたくさんあり、悩むこともたくさんあったが、「悩んで、どうしたら改善できるかを考え、実践してみる。そしてまた悩んで……」のローテーションで生徒とともに成長していった。

C：生徒とより多くの時間を過ごし、真剣に向き合い、生徒のために大切だと思うことは失敗を恐れずにやってみる。一つひとつに全力で取り組み、「今できる最善・最大の努力」をすることが初任者の義務であると感じた。

　ぜひ、次のことに気をつけて教員1年目を過ごしてもらえたらと思う。

・始業時刻ギリギリでなく、余裕をもって早めに学校に出勤する。手帳を持ち、日誌をつける。毎日の記録と振り返りが1年で大きな差になる。自分のポートフォリオをつくることで、生徒と共に教員として成長していく。
・自分の教科についての教材研究を怠ってはいけない。先輩教員の授業だけでなく、多くの授業を見学して意見交換し、授業に関する引き出しをどんどん増やしていく。
・担任としてどのようにクラスの生徒と向き合うのかを考えながら、所属学年を中心に、クラス経営について教育相談の手法を生かし意欲的に学んでいく。
・「総合的な学習の時間」の効果的な活用法を研究し、創意工夫したテーマや綿密な指導計画の立案に取り組む。

千葉工業大学教育系職員　齋藤　諭

第4章
チーム学校への対応

　これからの学校教育では、資格をもつ専門スタッフと共に学校の状況に応じてチームを組んで、児童生徒の課題に対応することが求められている。そこで、教員の実情、組織体制を考える際に把握すべき教育課程をおさえた上で、「チーム学校」として何ができるのかについて説明する。

1　チームとしての学校が求められる背景

（1）複雑化・多様化した児童生徒の課題
　児童生徒の個別のニーズが多様化し、我が国の教員が担う役割は拡大・多様化している。たとえば、いじめや不登校の対応、特別支援教育の充実への対応など、学校の抱える課題が複雑で多様化している。これ以外にも、アレルギー対策、心のケア、ICTの活用を含む教育の質の向上、学校マネジメント機能の強化、部活動など、様々な業務から児童生徒の状況を総合的に把握して指導している。近年では、貧困問題への対応など、学校に求める役割がさらに拡大し、心理学や福祉等の専門性が求められている傾向にある。その一方、専門スタッフによる配属は少ない傾向にあり、勤務時間の増加といった課題がある。

(2) 教育現場にいる教員の現状

前項で述べた課題については、34か国の国と地域が参加して行われた、学校の学習環境と教員の勤務環境に焦点を当てた国際調査（国立教育政策所編、2014）でも明らかにされている。教員は幅広い業務を担当しており、一週間あたりの仕事にかける時間が参加国平均38時間とするのに対して、日本の教員は54時間と最も長い勤務時間であった。そして、授業に使った時間は参加国平均19時間に対して日本の教員は18時間程度で、教員として行う連絡事務や書類作成、その他の事務業務を含む一般的事務業務（5.5時間）などに仕事時間の多くを費やしているということがわかっている。なかでも、放課後の部活動など課外活動の指導にかける時間は、参加国平均の2時間よりも顕著に長い8時間であった。つまり、長時間労働に置かれている日本の教員の状況では、授業等の教育活動に集中しづらい状況にあることが明らかで、さらには、教員自身の働き方、心身の健康の維持、家族との時間といった仕事時間以外の過ごし方にも影響を及ぼしていることが推測される。

このような状況の中で、教員が自分の仕事において、学級運営、教科指導、生徒の主体的学習参加の促進に関連する各項目がどの程度できているかといった自己効力感は、参加国平均（70～92％）に対して大きく下回る（16～54％）。その一方、教職への満足感は参加国平均と大きな差はなかった（参加国平均91％）。つまり、日本の教員は、全体としてみれば仕事に満足しているが、どの程度できているかという効力感が低い。これは、日本人が謙虚な国民性で効力感を低めた回答をしたことが考えられたとしても、多忙であるがゆえに、教育活動により集中したい、あるいは時間をかけて質の高い教育をしたいとしてもできにくい現状や環境にあるともいえる。

質の高い教育を行うことに関しては、学校における教育資源の問題が非常に、あるいはいくらか妨げになっていると回答した校長の学校に所

属する教員の割合が、「資格を持つ教員や有能な教員の不足（79.7％）」「特別な支援を有する生徒への指導能力を持つ教員の不足（76.0％）」「支援職員の不足（72.4％）」と報告されている。どれも専門性が求められるスキルに裏打ちされた教育力・指導力の不足が指摘されている。

　これに対して職能開発や教員研修の充実が目指されている。しかし、職能開発の参加に対する障壁として、日程が仕事のスケジュールと合わない（86.4％）、費用が高すぎる（62.1％）、雇用者からの支援不足（59.5％）、家族があるため時間がさけない（52.4％）が挙げられ、教員の仕事内容と勤務時間の検討以外に、専門家の活用についても注目が集まっている。教員以外の専門スタッフが、諸外国と比べて少ない傾向も指摘されている。

　そのため、資格等をもつ専門スタッフを学校の実際に応じて活用し、チームとして児童生徒の課題・問題に対応するための機能的な組織体制の整備も重要となってくる。

(3) 新しい時代に求められる資質・能力を育む教育課程

　先述したことを背景とし、学習指導要領の改訂により、児童生徒に必要な資質・能力を育むためには、学校は社会や世界と接点を持ちながら、多様な人々とつながりを保ち、そして、学ぶことができる開かれた環境となることが不可欠である。そのため、これからの学校における教育課程には、教育が不変的に目指す根幹を堅持しつつも、社会の変化に目を向け、柔軟に受け止めていく「社会に開かれた教育課程」としての役割が期待されている（文部科学省、2016）。これらを実現していくためには、「主体的・対話的で深い学び」の視点を踏まえた普段の授業の指導方法の見直しや、集団と個を生かした教材教具の工夫などによる授業改善、カリキュラム・マネジメントを通じた組織運営の改善に一体的に取り組むことが各学校において重要となり、どのような組織の在り方とす

るかが大きな課題となってくる。このカリキュラム・マネジメントについては以下の3つの側面から捉えられている（文部科学省、2015）。

1. 各教科等の教育内容を相互の関係で捉え、学校の教育目標を踏まえた教科横断的な視点で、その目標の達成に必要な教育の内容を組織的に配列していくこと。
2. 教育内容の質の向上に向けて、子どもたちの姿や地域の現状等に関する調査や各種データ等に基づき、教育課程を編成し、実施し、評価して改善を図る一連のPDCAサイクルを確立すること。
3. 教育内容と、教育活動に必要な人的・物的資源等を、地域等の外部の資源も含めて活用しながら効果的に組み合わせること。

なかでも、3.で述べた内容は、学校が内外の専門家等と連携・分担して対応する必要性があることを明示しており、「チーム学校」の重要性につながり、学校教職員全体で協同的に取り組む学校改善の実践とも言える。そのためには、3つの柱が考えられる。①教師の仕事の役割分担を見直して、②資格を持つ専門スタッフを充実させ、さらには、③地域人材を活用するということである。

教員の仕事の役割分担の見直しでは、とかく仕事を抱え込みがちになりやすい傾向にある教師の負担の軽減を目指すことが重要になる。優先すべき業務の検討や適材適所、スクールカウンセラーやスクールソーシャルワーカー、学校司書、ICT（情報通信技術）専門員など、専門職員の配置の充実を図るとしている。たとえばこれまでは、校内でパソコンのトラブルがあるとICT担当の教員がそれにかかりきりとなり、ほかの仕事ができないということが起きがちであった。そのような負担を、ICT専門員を配置することによって極力軽減させ、専門スタッフと協力し合うのである。

このことはさらに、児童生徒が成長していく上で、教員に加えて、多

様な価値観や経験を持った大人と接したり、議論したりすることで、より厚みのある経験を積むことができ、本当の意味での「生きる力」を定着させることにつながる。そのためにも、「チームとしての学校」が求められているとされている（中央教育審議会、2016a）。

2　「チームとしての学校の在り方」について

（1）「チームとしての学校」とは

　チームとしての学校（図4-1）を実現するために、「専門性に基づくチーム体制の構築」「学校のマネジメント機能の強化」「教員が力を発揮できる環境の整備」の3つの視点から検討して、各学校の生徒や地域の実態にあわせて、マネジメントモデルの転換を図ることが重要で、実現するための具体的な改善方策がまとめられている（中央教育審議会、

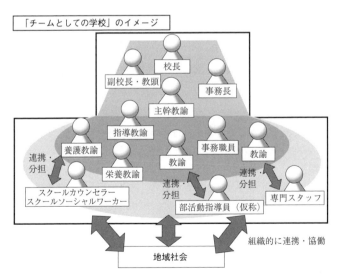

図4-1　「チームとしての学校」のイメージ（中央教育審議会，2016a）

2016a)。

1）専門性に基づくチーム体制の構築

① 教員の指導体制の充実

「主体的・対話的で深い学び」という視点からの授業改善が、中央教育審議会（2016a）から明示されている（表4-1）。これらを通して、「生きて働く知識・技能の習得」「未知の状況にも対応できる思考力・判断力・表現力等の育成」「学びを人生や社会に生かそうとする学びに向かう力・人間性の涵養」が目指されている（中央教育審議会、2016b）。同時に、いじめ、特別支援教育、帰国子女・外国人児童生徒などの増加、子どもの貧困等に対応するために必要な教職員定数の拡充や指導教諭の配置促進などによる指導体制の充実が求められている。

② 教職員以外の専門スタッフの活用

心理面ではスクールカウンセラーを、福祉面ではスクールソーシャルワーカーを専門スタッフとして学校に位置づけ、医療的ケアが必要な場合は看護師等の配置を促進する。これにより、児童生徒が抱える課題に対して個別支援ができるようになる。同時に、図書館の利活用に向けた

表4-1 主体的・対話的で深い学びの実現について

主体的な学び 　学ぶことに興味や関心を持ち、自己のキャリア形成の方向性と関連付けながら、見通しを持って粘り強く取り組み、自らの学習活動を振り返って次につなげる「主体的な学び」が実現できているか。 対話的な学び 　子供同士の協働、教師や地域の人との対話、先哲の考え方を手掛かりに考えること等を通じ、自らの考えを広げ深める「対話的な学び」が実現できているか。 深い学び 　習得・活用・探究の見通しの中で、教科書の特質に応じた見方や考え方を働かせて思考・判断・表現し、学習内容の深い理解につなげる「深い学び」が実現できているか。

学校司書の配置や、部活動の指導・顧問・引率などが行える部活動指導員の配置を法令で定め、質の確保と配置の充実が進められている。

2）学校のマネジメント機能の強化

専門性に基づく「チームとしての学校」を機能させるためには、優秀な管理職を確保するための取り組みや、主幹教諭の配置促進、事務機能の強化など、校長のリーダーシップ機能を強化することが重要である。これまで以上に学校のマネジメント体制を強化することが求められていることから、理論に基づいたプログラム開発が急務の課題である。

① 管理職の適材確保

教職大学院等への派遣、主幹教諭などを経験させるといったことを通して管理職を計画的に養成し、マネジメント能力を身に付けさせるための管理職研修の充実に向けたプログラム開発が必要とされている。

② 主幹教諭制度の充実

加配措置の拡充によって、監視力の補佐体制を充実させるといった配置の促進や、具体的な活用方策のための取り組み事例に基づく実践的な研修プログラムの開発が求められている。

③ 事務体制の強化

管理職を補佐して学校運営にかかわる事務職員について学校教育法上の職務規定を見直し、事務機能の向上・強化の推進に向けて事務の共同実施組織について法令上で明確化された。

3）教員が力を発揮できる環境の整備

教員それぞれが力を発揮し、さらに向上していくことができるようにするため、人材育成の充実や業務改善などの取り組みを進めることが重要である。

① 人材育成の充実

職務遂行や研修などに教職員の意欲を引き出すためには、対価や処遇へ適切に反映させ、さらには教員のニーズにあう研修や意欲を引き出す

フィードバックを提供していく必要がある。
② 業務環境の改善

「学校現場における業務改善のためのガイドライン」等を活用した研修を実施する以外に、「学校における働き方改革」（文部科学省、2017）により、教員が日々の生活の質を豊かにすることで自らの人間性を高めて児童生徒に対して向き合うことで、効果的な教育活動になることを目指すべく検討がなされている。

③ 教育委員会等による学校への支援の充実

学校の指導方法の改善などを支援するため、小規模市町村において、専門的な指導・助言を行う指導主事の配置を充実したり、地域にある大学と連携して共同研究することも重要である。同時に、不当な要望等への問題解決支援のために、弁護士等専門家を含めたチームを教育委員会が設置することに対する支援も取り組みの一つとなる。

(2) チームとしての学校と家庭・地域・関係機関との関係

学校で体制を構築することと並行して、学校と家庭・地域との連携・協働が必要になる。共に子どもの成長発達を支えていく体制を作ることは、学校や教員が、学校教育活動を重点として、関係者との信頼関係に基づいて取り組むことができるようにすることが重要である。また、警察や児童相談所、教育センター等との連携・協働により、生徒指導・教育相談や子どもの健康・安全等に、組織的に取り組んでいく必要がある。

(3) 国立学校や私立学校における「チームとしての学校」

国立学校、私立学校においては、「チームとしての学校」の位置づけや発達段階、校種の違いに配慮して、各学校の教育理念や取り組みに必要な支援を検討して行われることが重要である。

【引用文献】

中央教育審議会　2016a　チームとしての学校の在り方と今後の改善方策について（答申）（中教審第185号）http://www.mext.go.jp/b_menu/shingi/chukyo/chukyo0/toushin/attach/1366271.htm（閲覧日2017年12月26日）

中央教育審議会　2016b　次期学習指導要領等に関するこれまでの審議のまとめ　補足資料　平成28年8月26日教育課程部会資料2－4.

国立教育政策所編　2014　教員環境の国際比較－OECD国際教員指導環境調査（TALIS）2013年調査結果報告書　明石書店

文部科学省　2015　学習指導要領などの理念を実現するために必要な方策　http://www.mext.go.jp/b_menu/shingi/chukyo/chukyo3/siryo/attach/1364319.htm（閲覧日2017年12月26日）

文部科学省　2017　新しい時代の教育に向けた持続可能な学校指導・運営体制の構築のための学校における働き方改革に関する総合的な方策について（中間まとめ）案　平成29年12月12日　学校における働き方改革特別部会1－1. http://www.mext.go.jp/b_menu/shingi/chukyo/chukyo3/079/siryo/_icsFiles/afieldfile/2017/12/13/1399399_1.pdf（閲覧日2017年12月26日）

コラム　台湾の教育事情

　台湾の教育事情として、まず進学率の高まりに伴う受験競争の過熱や地域間の教育格差を背景に、2013年7月に高級中等教育法が公布され、2014学年度より無試験・学費無料化を原則とする「12年国民基本教育」が実施されたことが挙げられる。教職との関連では、台湾全土の学校に輔導處（または輔導室）という部署が設置され、学生輔導業務が展開されている点である。輔導處は教務・学務等と同レベルの部署で、その下にさらに輔導組・資料組・特別（支援）教育組の3つの下部組織が設けられている。学生輔導とは、英語に訳するとStudent counselingに当たる言葉で、全人教育の方針の下に児童生徒の学校適応や学習・進路指導に重点を置きつつ、キャリア教育・生命教育・性別平等教育等まで輔導教師を中心としたすべての教職員が取り組まねばならない職務である。これは多少の違いはあるが、日本の教育相談を想像すればイメージしやすい。

　近年の台湾では、家族形態の変化や家庭教育力の低下など、急激な社会変化による青少年の不適応行動の増加を背景に、その対策として学生輔導の効果が評価され、事業促進が図られている。その最大の成果は、学生輔導の法的根拠を求めて2014年に法制化を実現したことである。法的根拠としての「学生輔導法」には、学生輔導人員の資格要件から業務内容と責務、職務の遂行、時間配分及び職業倫理等まで学生輔導職務の詳細がすべて規定されており、常勤の輔導教師による職務の遂行は組織的な教育相談体制を可能にしている。

　実際の学生輔導では、三級予防（一次的発展性輔導・二次的介入性輔導・三次的対処性輔導）の考え方に基づき、WISERモデルが取り入れられているのが特徴的である。これは日本の学校心理学における3段階の心理教育的援助サービス（石隈、1999）をイメージするような考え方である。WISERモデルでは、「W（Whole Concept）」の全校性・Win-Win原則・賢さ、「I（Individualized intervention）」の個別対応、「S（System intervention）」の組織的介入、「E（Evaluation）」の効果の評価、「R（Resource integration）」の連携資源の統合が強調され、役割分担による組織的な取り組みが実現されている。

千葉女子専門学校保育科教員　張　愛子

第5章

学校と地域の連携

1 地域との連携・協働による学校教育活動の意義

　学校教育は、学校内のみにおいて完結するものではない。児童生徒の生活基盤となる家庭の役割は大きく、その家庭や学校そのものを包含する地域社会の在り方も、学校における教育活動に大きな影響を与えるものである。

　特に公立の小中学校においては、児童生徒の居住地と学校の所在地とは同じ地域にあり、その意味では児童生徒の保護者も地域の構成員の一人である。それに比べると高校は通学範囲が広いので、小中学校でいうような狭い意味での地域の構成員とは言い難い。ただし、その所在地においては、やはり高校も地域を構成する重要な要素である。それゆえ、地域住民等からの期待にも大きなものがあるのは言を待たない。

（1）地域防災の拠点としての学校

　平成23（2011）年3月11日の東日本大震災はまだ記憶に新しい。筆者は当時、千葉市内の公立相談機関に勤務していたが、グループ活動に訪れていた子どもたちのうち2人が帰宅できず、当該機関で一晩預かることになった。また、数人の住民の避難もあった。窓からは沿岸の工場での石油タンクの爆発事故による巨大な火の玉が見えたりもした。わずか

数人への対応ではあったが、寝る場所・寝具の確保、朝食対応等、慣れない状況の中での大変さが今でもはっきりと記憶に残っている。

　この震災体験以降、千葉県内での高等学校を災害時避難所とする取り組みが急速に進んだ。それ以前も多くの高校は一時的な避難場所にはなっていたが、避難者が起居する避難所となっていた高校は少なかった。それは多くの公立高校は都道府県の管轄する機関であるため、市町村が、まずその管轄の小中学校を中心にして防災体制を整えていくことになるのは当然の成り行きだったからである。

　しかしながら、我が国は東日本大震災を経験し、首都圏においても多くの帰宅困難者、帰宅難民を抱えた。また、高齢者や身体の不自由な人の避難など多くの問題が浮かび上がった。特に高齢者が多い自治会においては、災害時の避難所はできるだけ居住地に近いに越したことはない。それゆえ、可能な限りにおいて、多くの施設を確保する必要性が生じたのである。ことに高校には、これは二次的な問題ではあるけれど、災害時においてボランティアに移行することが可能な若い労力が多数存在するのである。その意味でも地域の期待は大きくなったと言わざるを得ない。

　現在、地元自治会と合同の避難訓練を実施したり、学校の持つHP（ホームページ）に地域の自治会用ページを設ける学校が小中高にかかわらず増えてきている。これは学校のHPを自治会活動に提供している例である。また、小中学校には児童生徒用の災害備蓄品の他に一般住民用の備蓄品も蓄えられているが、高校においても避難所となった学校においては、多くはPTAで行っている生徒用の災害備蓄の他に、各市町村と協定を結んで一般住民用の備蓄品の提供を受け入れている。

（2）開かれた学校

　さて、教育基本法第13条には「学校、家庭及び地域住民その他の関係者は、教育におけるそれぞれの役割と責任を自覚するとともに、相互

の連携及び協力に努めるものとする」とあり、これが地域と学校の連携・協働に関する基本的な法律上の規定である。

　開かれた学校という概念は、学校、家庭、地域住民が相互に連携・協力するという、この条文を具現化するイメージと捉えることができる。その時に学校の果たすべき役割と責任とは何か。

　第1に、アカウンタビリティー（説明責任）である。これは、多少意味合いが違ってくるとしても、言い換えるならば学校の持つ情報の公開と開示ということである。そして、それに基づいた家庭や地域の意向の学校経営への反映、あるいはさらに一歩進めて学校経営への地域住民や保護者の参加という問題である。

　これらについては、学校教育法施行規則の第49条に、設置者の定めるところにより置くことができるとされた学校評議員制度や、さらにそれを進めた形のコミュニティスクール（学校運営協議会制度）（図5－1）がある。地方教育行政の組織及び運営に関する法律第47条の6第1項に、「教育委員会は、教育委員会規則で定めるところにより、その所管に属する学校ごとに、当該学校の運営及び当該運営への必要な支援に関して協議する機関として、学校運営協議会を置くように努めなければならない」と規定されている。

　前述の条文を待たずとも、子どもたちへの教育支援は学校だけで完結するものでないことは先に述べたとおりである。家庭との連携において言えば、PTA活動が従来から行われていた経緯はあるが、地域との連携は特に高校においてはあまり進んでいなかったという状況があった。しかし、近年は高校においても小中学校と同じように、地域との連携を積極的に行うようになってきている。

　第2は、地域の資源や教育力を学校教育に活用するということである。地域には、探しさえすれば様々な有為な人材が存在しているものである。さらには、学校教育を補完する多くの施設も存在している。それらを学

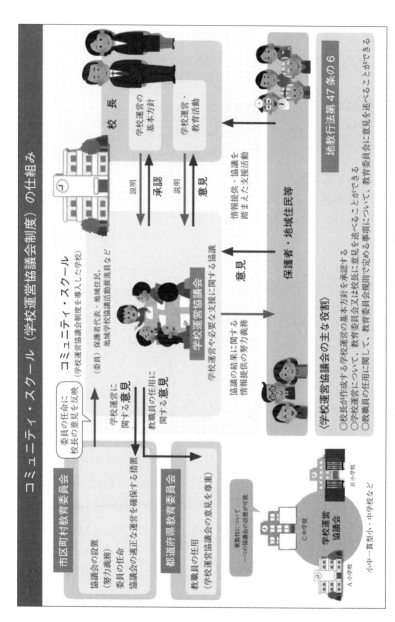

図5-1 コミュニティ・スクールの仕組み
(文部科学省 http://www.mext.go.jp/a_menu/shotou/community/)

校教育活動の中に取り込み、講師やボランティアとして活用したり、学外施設利用促進という面からも、地域からの支援を積極的に受けることが重要である。地域の多くの事業所などが参加する職業体験活動の実施などは、その最たるものであろう。

　その他にも現在では、学校所在地の地元にある大学との連携協定などによって、学習支援の学生ボランティアなども有効に活用されている。各大学の教職課程の学生などにとっては、これは非常に有効な実地研修としての役割も果たしている。

　これをさらに一歩進めたものとして、地域の高校生が学習支援ボランティアとして小学生に教える、あるいは部活動支援のボランティアとして、その競技の指導をするなどの事例も見られるようになっている。

　第3には、学校の有する優れた教育力や教育施設を地域社会に還元することである。施設開放の取り組みは早くから行われ、体育館やグラウンド、空き教室や図書室などの施設・設備がいち早く一般の人たちに開放された。もちろん、学校における教育活動に支障のない限りという条件付きではある。

　さらに高校を中心に、学校の教育力を一般に還元する目的で、各種開放講座や公開講座などが、その学校の教員を講師として開講された。最近では教員の方が出前という形で地域社会に出て行って、様々な研修・講習等の講師を務める例も多く見られるようになってきた。

　もう一歩進めて、中学生や高校生が地域社会の構成員として、その企画力や実行力を地域行事の開催やその準備に提供し、高齢化した地域社会に貢献する例も多く見られるようになってきた。「若さ」の還元による地域社会の活性化である。そして、それをつなぐことができるのも教員なのである。

　この3つの視点からの取り組みが相まって、開かれた学校が実現されていくことになる。

2 地域との連携を基にする教師の役割

　学校が地域と連携するにあたって、当然のことながら教師の担うべき役割には大きなものがある。それぞれいくつかの事例に基づきながら、学校と地域の連携における教師の役割を見ていくこととする。

(1) 事例1：地域ふれあい音楽祭

　写真5-1は、会場となった高校の体育館で毎年実施されている地域ふれあい音楽祭の参加者の様子である。この写真ではわかりにくいと思うが、ステージには「第5回地域ふれあい音楽祭」の横断幕が見られ、ステージ中央にはピアノが置かれている。観客は地域住民の方々を中心に、地区社会福祉協議会との連携の中で、地域の高齢者施設の方々なども招待され、観客は年々増加している。この写真の第5回は、500人弱の参加となった。

写真5-1　ふれあい音楽祭の参加者

演奏団体は、地域の小学校3校、中学校1校、高校1校の吹奏楽部や合唱部である。最初に講師として依頼されたプロの演奏家による演奏が40分程度、次に各学校の演奏が順に行われ、最後に写真5－2のような全体での合唱で終了となる。また、演奏の合間には高校のバトントワリング部の演目も入れるなど、趣向を凝らしたプログラムとなっている。

準備のために、各学校の教務主任、音楽担当教員、該当部活動顧問、社会福祉協議会担当者などが数回集まりを持っている。その結果、ふれあい音楽祭だけに限らず、各学校間の連携は深まり、5校合同での道徳教育研究会が実施されたり、5校共同で県と市の社会福祉協議会から福祉教育推進校の地域パッケージ指定を受けたりと、様々な活動の広がりが持てた。これらは、毎月1回、各校持ち回りで開催される5校の校長による地区校長会での様々な調整によって行われる。

また、この活動によって地域の3つの自治会と2つの地区社会福祉協議会と関係を深めることができ、学校（教員）が核となる地域コミュニティのあるべき姿が模索されているように思われる。さらに学校間の交

写真5－2　最後の全体合唱の様子

流も促進され、このような動きの中から、後述の寺子屋塾のような活動も生まれてくる。学校の役割が拡大することが、地域から、特に高齢者地域からは切望されていることでもある。

　ただし、このような実践は教員に多くの時間的負担を強いることにもなる。活動が活発になればなるほど、教員の土日（休日）は減り、勤務時間の長時間化が進むことにもなってしまう。これは教員の働き方として時代に逆行する流れとなる危険性を常に含んでいる。その点は非常に大きな問題と言わざるを得ない。この問題に、どれだけ制度的に配慮できるかが今後の課題となろう。

　しかしながら、この実践では地域社会をつなぐ地域コミュニティのリーダーとしての教員の役割が見えてくるのである。以下の2事例（事例2、事例3）からも同様の姿が浮かんでくる。

（2）事例2：ふれあい子育てセミナー

　ここで紹介するのは、市の健康福祉課、子育て支援課（自治体によって名称は異なる）などと協働で行われた地域の中学校や高校を会場とする「ふれあい子育てセミナー」という取り組みである。

　核家族化が進み、各家庭が孤立に近い状態の中におかれ、初めて子育てを経験する若い夫婦にとっては、なかなか相談する相手もいないという状況が続いて久しい。そんな孤立状態は、精神医学的には危険な状況である。うつや虐待をはじめとする様々な問題が生じる可能性も大きくなるであろう。そのような認識の下、各市町村などの自治体では、保健師を中心に巡回相談や各種の育児教室などが実施されている。本事例は、その一環として中高生と乳幼児を持つ若い世帯との交流である。

　これを学校側から見れば、そこには2つの意味がある。一つは地域の若い子育て世代を対象とするペアレンティング教育であり、もう一つは生徒に親の思いを理解してもらう時間、将来の自分が作るであろう家族

を思い描く時間となるのである。

　ふれあい子育てセミナーの当日は、2クラス単位で連続2時間を、家庭科の教員と保健師等数人で、チーム・ティーチング（TT）の形で実施する。生徒はそれ以前の家庭科の授業で、幼児の遊具を作る。そして当日は、その遊具を持参して、畳の部屋で少人数のグループに分かれて、子どもたちとかかわるのである。その中で乳児を実際に抱かせてもらい、母親や父親から子どもが生まれたときの喜び、名前をつけた由来、子育ての大変さなどの話を聞く。それは自分の親を想起させる。そんな活動である。

　現在、筆者が関心を持っている台湾の輔導教育という分野の中では、輔導教師という、いわばガイダンス・カウンセラーが、カウンセリングの他に生命尊重教育や性別平等教育、あるいは将来設計のような授業も行う制度になっており、輔導教師の各学校における人数配置もクラス数によって法定されている。その中の重要な項目の一つが親への教育である。これは保護者を孤立させないための試みの一つでもあるのだろう。

　そんな取り組みの一端が、地域との連携の中で行われているのである。ここにおいても教員は地域連携の中核である。

（3）事例3：ふれあい寺子屋塾

　最近は、学習支援のボランティアが小中高の各学校に入ることも多くなった。その多くは教職課程を履修している教育に関心のある大学生のボランティアであるが、退職教員などが手伝っている場合もある。

　そのような活動に地域の高校生が参加し、同じ地域の小学校で、小学生の勉強の面倒をみるという活動が、この「ふれあい寺子屋塾」である。子どもたちにとっては、一般的に年齢が近ければ近いほど話しやすいし、質問もしやすいという、ピア・サポートとしての効果が高いといえる。夏休みに数日間集中的に行う取り組みであれば高校生も参加しやすいの

で、そのような形でこの取り組みは行われている。

　高校生からすると、教員としての職業体験ではないけれどもそれに近い体験ができるので、将来的に子どもとかかわる仕事に就きたいと考えている生徒には教員も積極的に勧めるし、それが無くても生徒自身も積極的に参加の意思表示をすることが多い。

　この事例3においては、地域の学校間連携であって、基本的には地域住民の参加を伴うものではない。しかしながら、このような学校間連携が基盤となって、事例1のような地域住民を含んだ大掛かりな連携事業が可能となるし、子どもたちの成長を優しく見守る地域コミュニティの形成が図られていくことになる。

　以上、学校の教員がリーダーとなる形の地域との連携の様子を見てきた。しかし、もちろん現実には地域住民主導で行われる行事に、各学校が児童生徒を様々な形でボランティア的に参加させる例も多く見られる。

　たとえば、前述の3事例はすべて同一地域で行われているものであるが、その地域では5月の連休の際に「鯉のぼりフェスティバル」なる行事も行われている。この「鯉のぼりフェスティバル」は、河川敷に地域を中心に集めた多くの鯉のぼりの下で行われるお祭りである。ステージの出し物として各学校も吹奏楽の演奏などを依頼されることもあるし、高校には準備段階としての会場づくりのボランティアなども期待されるのである。

　こうしていよいよ地域との連携は深まり、地域の中の開かれた学校として地域と共に歩み、良きコミュニティづくりに貢献することになるのだが、そこには前述したような教員の働き方の問題が生ずることになる。特に勤務時間を中心とする教員の働き方の制度的な改善の取り組みがなされなければ、このような地域との連携の取り組みは早晩行き詰まって

しまうことになるのではないかと危惧される。もちろん各自の意識改革と努力によって改善していくことも可能であろうし、重要なことでもある。ただし、それだけではなかなか地域との連携は進まなくなってしまうというのも事実である。この兼ね合いをこれまでの経験の積み重ねと制度改革で補完していく必要があると思われる。

【文献】
相浦知子　2004　高等学校家庭科保育分野におけるペアレンティング教育の追求　平成25年度千葉県長期研修生研究報告書

訪台研修団　2016「輔導」と「学校教育相談」～台湾研修～　研修旅行を終えて見えてきたもの『高校教育相談』第32号 ―30周年記念号―　千葉県高等学校教育研究会教育相談部会

岡山高級農工職業學校　2017　日本參訪－岡農簡介

小野善郎・保坂亨 編著　2016　続 移行支援としての高校教育 ―大人への移行に向けた「学び」のプロセス―　福村出版

大鷺麻理　2016　台湾のスクールカウンセリング制度について『高校教育相談』第32号 ―30周年記念号―　千葉県高等学校教育研究会教育相談部会

田邊昭雄　2017　学びをデザインするカリキュラム・マネジメント ～台湾における輔導教育を手がかりに～　『東京情報大学教職課程年報』第3号　東京情報大学教職課程

田邊昭雄　2015　台湾研修報告書　台湾における輔導教師と日本のスクールカウンセラー、教育相談係　千葉県高等学校教育研究会教育相談部会

コラム　PTA活動への一考

　PTAとは、親と学校との連合会を指し、その活動の基本は、「家庭と学校が協力し、青少年を健全に育成する」ことが目標となっている。

　その歴史は古く、遡ること明治時代に、学校運営にかかる金銭的、労務的負担の軽減等、主に、学校の経済支援を目的として、「後援会」「保護者会」「母の会」等の名称の下に発足したのが起源とされている。その後、昭和21(1946)年にアメリカの介入により、先の目標を掲げ、各地に「父母と先生の会」が作られ、今日のPTAに発展したと言われている。

　しかし、保護者と学校の連携を基本とはしつつ、今日では、多くの学校で、保護者の会、保護者活動の場の総称となっている。一般的には、その就業年数が長いことから、小中学校における組織であるとも思われている。

　ちなみに、2017年現在、高等学校においては、（一般社団法人）全国高等学校PTA連合会を軸に、全国に50団体（連合会）、加盟校4,016校、加入者227万6,763名となっている。千葉県においては、加盟校134校、加入者10万7,780名となっている。

　また、高等学校におけるPTAのスタンスは、社会との距離が近いことから、「保護者と教員（学校）が学びあうことで教養を高め、成果を家庭・学校・地域に還元すること。生徒の健全な発達に寄与すること」を理念に、「高等学校PTA活動を通して社会教育、家庭教育の充実及び学校教育との連携に努め、我が国の次代を担う青少年の健全育成を図り、もって生涯学習社会の形成に寄与すること」を目的として掲げている。つまり、「（生徒を）立派な大人にするためには、育てる側の大人たちも一緒に学んで成長しよう」というわけである。

　現在では、小中高ともに、PTAにC（Community）が加わり、PTCAという形に変化しつつあり、家庭・学校・地域の連携により健全育成していくことが求められている。それぞれの立場で、どのようなPTA活動を展開するかが、今後の課題であるとともに、その必要性と重要性は当然のことである。

　3者の在り方は、「学校は学習するところ、家庭はしつけをするところ、地域は見守るところ」と言われ、その見方は今でも不変であると考える。

　ところが、その課題解決を実践する中で、「教師（学校）は理屈で説明し、親は思いで行動し、地域は外見で判断する。そこにズレが生じる」と言われることがあ

る。このズレは、しまいには、保護者をクレーマーやモンスターに変えていく場合もある。

　大切なことは、この状況を踏まえて、３者が、その子どもの全部に対して独善的な判断をせずに、それぞれの立ち位置で判断し、評価することであり、３者が互いに、その立場を尊重し合い連携していくことであると考える。立場での判断や評価には、忖度は必要ないと考える。むしろ陶冶性の忖度をしなければならない場面は、「家庭でのＰＴＡ活動」であると考える。子どもたちの家庭での姿は、学校や地域で見せる表の顔や仮の姿ではなく、本人の生い立ち、日々の喜怒哀楽を含めた生活そのもの、素の姿だからである。

　実は、昨今のＰＴＡの活動の中で、最もクローズアップされ、求められているのが、「学校教育でのＰＴＡ活動」や「地域におけるＰＴＡ活動」ではなく、「家庭でのＰＴＡ活動」つまり、「家庭教育の充実」と言われている。千葉県教育委員会においても、新しい学習指導要領の「学び方改革」を受けて、生徒へはアクティブ・ラーニングを、保護者へは「親の学びと家庭教育の支援」を掲げている。

　この「家庭でのＰＴＡ活動」について少し考察する。

　各家庭ではどうだろうか？　やっと手が掛かる時期が終わり、もう高校生なんだからとホッとするとともに、高校生を大人と見る家庭が多いと感じる。確かに選挙権等、世の中の状況からみてもその傾向はある。しかしながら、実際としては、未成年であるし、親の監督下にある。大人的な子どもへの扱いに戸惑いが生じ、保護者が子どもを指導することに「ためらい」を持つ場面が多いと思われる。当然、親だからこそ子どもが気がかりで、心配しない親はいない。「うざい」の言葉を聞きたくないから、「ためらう」気持ちが勝る。

　ここで必要なことは、かかわり方の変化にあると思う。成長の度合いに応じたかかわり方を模索することが大切なのである。今は特に、過保護から過干渉の親が多いと聞く。子どもへの年齢に応じた接し方への取り組みが重要と考える。

　「赤子には肌を離すな。幼児には手を離すな。少年には目を離すな。青年には心を離すな」とは、まさに家庭教育の本質を表しているのではないだろうか。

　子どもたちを健全育成するためには、学校・保護者・地域が、お互いを尊重し、それぞれの役割を意識しながら、それぞれの立場で、状況にあった教育をし、学校教育・家庭教育・地域教育が、それぞれの教育力をバランス良く発揮して、連携していくことが重要と考える。

　さて、ＰＴＡ活動には、以下の３つの活動がある。

① 学校教育の中でのPTA活動
　　広報誌の作成、研修旅行、文化祭や体育祭等での補助等
② 地域の中でのPTA活動
　　自治会や子ども会のお祭り、バザー、地域パトロール等
③ 家庭内でのPTA活動
　　家庭教育（しつけ）

　本来、PTA活動とは、学校教育の中でのPTA活動、地域の中でのPTA活動、家庭の中でのPTA活動の3点から成り立つものと考えている。

　ところが、その実態は、広報誌の作成、研修旅行、文化祭でのバザーや、体育祭やマラソン大会等での接待など、学校行事への補助的活動、自治会や子ども会行事への参加等、学校教育や地域の中での活動が主となりがちなように思える。もちろん、生徒や学校のためにと活動をすることは確かに重要なことで、学校にしてみると頭が下がる思いではあるが、もう少し家庭の中での活動にウェイトがおかれてもよいのではないだろうか。

千葉県高等学校PTA連合会　事務局長　林　修一

第6章

教員のメンタルヘルス

　教員の健康問題は、従来から勤務時間の増大化等による繁忙と疲労の蓄積等への対応を中心に改善策がとられてきた。しかし、昨今の授業等の教育活動以外の事務量の増大化に加えて、児童生徒の「問題行動」等にかかわるいわゆる生徒指導や保護者からの苦情等への対応等により、教員は日常的にストレス状態が続いている。悪化した場合には「うつ」状態に陥って、精神疾患による病気休職となるケースが増加している傾向にある。休職までには至らないが、メンタルヘルスの不調を抱える教員も相当数いると見られており、こうした状況が続けば、児童生徒が受ける教育や学校運営等に影響を及ぼすことが懸念される。

1　教員のメンタルヘルスの現状

　文部科学省（2017a）の「教員勤務実態調査（平成28（2016）年度）」によると、小学校教員の33.5％、中学校教員の57.6％が週60時間以上の勤務をし、平均で週4～5時間程度は持ち帰り業務時間として自宅で業務をしていると報告されている。これにより、月80時間以上の過労死ラインを超える時間外労働の教員数は跳ね上がり、教員の心身の健康に影響を及ぼすことが危惧される。
　心身の健康状況を調査した結果（文部科学省, 2017b）によると、平

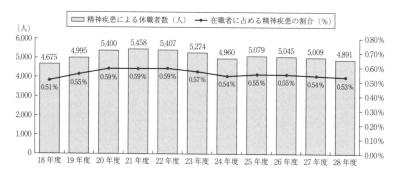

図6-1 教育職員の精神疾患による病気休職者数の推移(平成18〜28年度)

成28年度の教育職員の精神疾患による病気休職者数は、小学校、中学校、義務教育学校、高等学校、中等教育学校、特別支援学校における校長、副校長、教頭、主幹教諭、指導教諭、教諭、養護教諭、栄養教諭、助教諭、講師、養護助教諭、実習助手及び寄宿舎指導員の全教育職員数の総計92万58人中4,891人(0.53%)を占めることが明らかにされた。平成19(2007)年度以降は5,000人前後で推移をしているものの、ここ3年は連続して減少している(図6-1)。

校種別による病気休職者及び精神疾患者の教員数は小学校が一番多く、次いで中学校、高等学校、特別支援学校の順となっている(表6-1)。性別では、女性(病気休職者4,539人、精神疾患者2,600人)が男性(病気休職者3,219人、精神疾患者2,291人)より多く、職種別では、教員等(病気休職者6,972人、精神疾患者4,487人)に次いで、養護教

表6-1 校種別による病気休職者及び精神疾患者の教員数 (人)

	小学校	中学校	義務教育学校	高等学校	中等教育学校	特別支援学校	計
病気休職者	3,518	2,102	4	1,193	4	937	7,758
精神疾患者	2,205	1,366	2	695	1	622	4,891

表6-2　年代別による病気休職者及び精神疾患者の教員数　　（人）

	20代	30代	40代	50代	計
病気休職者	779	1,633	2,007	3,339	7,758
精神疾患者	634	1,094	1,282	1,881	4,891

論等（病気休職者290人、精神疾患者137人）となっている。

　年代別では、加齢とともに人数が増加する傾向にあり、40代・50代以上の割合が高い（表6-2）。これについては、教員生活を続けていく中で、教育観、子ども観、教師観における変化や転換期を迎えることが影響する。人事異動や学校教育の変遷が関与する職場環境、個人や家庭生活、加齢における心身や体力の変化など、一人ひとりによってその違いはあるが、様々なことをきっかけとしてメンタルヘルスに影響を及ぼす場合があると考えられる。

2　教員のメンタルヘルスの不調の背景

　文部科学省（2012）により、教員のメンタルヘルス不調の背景は、4つの視点からまとめられている。

（1）教員の業務量の増加と業務の質の困難化

　教員は授業等の教育活動以外に負担感の高い用務や報告書類作成、自宅への持ち帰り業務、さらには休日の自宅業務や部活動などにより多忙を極め、満足感が高い一方で、仕事に対する自己肯定感を低め、家族と過ごす時間が少ないといった状況に陥りやすいり現状があり（国立教育政策所編, 2014）、精神的負担を感じてしまうことがある。その仕事の質の面では、生徒指導・教育相談上の諸課題や保護者・地域社会との関

係において困難な課題への対応が求められ、その時々の状況に応じて新たな知識やスキルを習得することが求められている。

（2）教員の業務の特徴

　学校は、校長・教頭以外の職位に差がない一般教員が大多数を占めているため、メンタルヘルスケアの実施が困難とされている。そして、多くの教員が理想像をもって働く中、「やって当たり前」「子どものために身を粉にして頑張るべきだ」と理想を完璧にという思いが強まりすぎると、理想的にできないことにストレスを感じ、自分を責めたり、同僚教員に対して厳しく接したりする場合がある。同時に、児童生徒や保護者に否定的な感情を持ち、トラブルに発展してしまう場合もある。

　また、教師は、教室では孤独な実践者であり、多くの児童生徒あるいは保護者の欲求に対して、時に苦悩しながら対応を迫られる場合もある（秋田, 2012）。個人で悩みを抱え込みやすくなりがちで、ともすると一人で対応する場合が多くなり、状況によっては業務の負担が偏ってしまう。必ずしも決まった正解がない課題や問題が多いだけに、目に見える成果をすぐに実感しづらく、迷いや不安を抱きながら対応していることも少なくない。

　その一方、教員の仕事はその範囲がとても広く、やろうとすればするほど終わりがない。そのため、頑張ったにもかかわらず認めてもらえない、否定・批難されるなどの状況が生じると、徒労感、疲労感、焦燥感など負の感情がわき起こり、苛立ち、落ち込み、怒り、絶望、不信・不満といった感情が強く表れる。そしてそれが長期にわたった場合には、心身のバランスを崩してバーンアウト（燃え尽き症候群）や精神疾患に陥ってしまいかねない（原田、2014）。

　ストレスの原因としては、教諭等のいずれの世代でも、生徒指導や事務的な仕事、学習指導、業務の質、保護者への対応に強いストレスを感

じる頻度が比較的高い。また、部活動指導については、30歳代の教諭が強いストレスを感じている頻度が最も高い。

(3) 職場における人間関係

児童生徒の成長支援や教師としての成長、そして「チームとしての学校」を生かすためには、同僚性や協調性を支えるコミュニケーション能力や人間関係の構築が非常に重要である。しかし、同僚の教員に意見等を言いにくい雰囲気や人間関係が構築できない風土であると良好な職場とならず、対人関係上のストレスを生じ、職場において孤立したり、円滑な業務や職場のコミュニケーションにうまく対応できなかったりする。

また、コミュニケーションに苦手意識を持ち、上司や同僚に相談しづらいと感じるようになると、人間関係が原因となってメンタルヘルスが不調になりやすい。上司に相談しやすい教員、同僚・先輩とのコミュニケーション頻度が高い教員ほど、ストレスが低い傾向にあることから、教員間の人間関係が良好である環境づくりに、管理者は十分に配慮する必要がある。

(4) 教員の健康管理

大多数の教員は、ある程度自分なりの解消法でストレスを解消できているものの、「あまりできていない」「ほとんどできていない」と回答した教諭等も約18％存在する。さらには、精神疾患により休職する教員の約3分の2が、病気休職の直前になるまで受診しない状況にあることが報告されている（文部科学省，2012）。これは、本人にうつ病に関する知識が少なく、生活に支障が出ないと本人も周りも気づかないなどの状況にあるためと考えられる。教員の中には、「自分は大丈夫」「忙しい」などの理由で健康診断等を受けない者もいることから、健康診断やメン

タルヘルスに関する受診・相談を行うように促す職場環境の調整が必要である。

3 教員のメンタルヘルスに対する予防

　教員が過度のストレス等により、心の病で休職等に陥るメンタルヘルスの問題が学校現場で重く受け止められており、文部科学省の「教職員のメンタルヘルス対策検討会議」は、平成24(2012)年10月に「教職員のメンタルヘルス対策について（中間まとめ）」を発表し、予防的取り組みと復職支援にかかわる具体的な対応策を提示した。また文部科学省の「学校における働き方改革特別部会」は、平成29(2017)年10月には「新しい時代の教育に向けた持続可能な学校指導・運営体制の構築のための学校における働き方改革に関する総合的な方策について（中間まとめ）案」を発表し、持続可能な教師の環境整備として「予防」を発表した。

　どちらも、これからの未来を担う子どもたちの資質・能力の育成をする担い手である教員のメンタルヘルスに寄与する重要な内容である。これまで学校・教師が担ってきた登下校や放課後・休み時間の対応、地域ボランティアとの連絡調整、調査・統計などへの回答、校内清掃、部活動、給食時の対応、授業準備と評価・成績処理、学校行事などの準備・運営、進路指導、支援が必要な児童生徒・家庭への対応といった業務の在り方や、学校組織運営体制の在り方、勤労時間に関する意識改革などを見直すものである。そうすることで、働く環境が整備され、メンタルヘルスの不調が軽減され、教師一人ひとりの自己実現につながることが期待される。

　そのため、予防的取り組みが重要になり、その観点から、教員本人、

表6-3 予防的取り組み

教職員本人

【セルフケアの促進】
- 自らを客観視し、安定した気持ちで仕事ができるようメンタルヘルスの自己管理に努力
- 自分自身のストレスに気づき、これに対処する知識や方法の習慣化
- メンタルヘルスに不安を感じる際は、早めに周囲の産業医や精神科医等に相談

校長等

【セルフケアの促進】
- 教職員がメンタルヘルスについての知識やストレスへの対処行動を身につける機会を充実
- 教職員の家族等を対象とした相談窓口を周知し、家族の方から見た健康チェックリストを活用

【ラインによるケアの充実】
- 日常的に教職員の状況を把握し、速やかな初期対応が重要
- 校務分掌を適切に行い、小集団のラインによるケアの充実
- 校長による副校長・教頭、主幹教諭等への適切なバックアップ
- 保護者との関わりへの迅速な対応や困難な事案に対する適切なサポート

【業務の縮減・効率化等】
- 教職員の業務を点検・評価し、積極的に業務縮減・効率化

【相談体制等の充実】
- 定期面談の実施等あらゆる機会を通じた教職員との対話
- 教育委員会等が用意している相談体制を把握し、教職員に周知し活用を奨励

【良好な職場環境・雰囲気の醸成】
- 労働安全衛生管理体制の整備、実効性のある取組
- 「開かれた」学校、校長室、職員室にすることで、風通しの良い職場づくり
- 職場内の問題を職場で解決する円滑なコミュニケーション

教育委員会

【セルフケアの促進】
- 個人情報保護に配慮した上で、ストレスチェックを活用
- 産業医、嘱託精神科医等を活用した相談体制を整えるとともに、校長等と適切に連携し、必要に応じて業務上のサポート

【ラインによるケアの充実】
- 復職時の基礎知識やカウンセリングマインドを身につける校長等を対象とした研修の充実
- 主幹教諭等の配置等、ラインによるケアを行うための体制整備・充実
- 学校では十分な対応が困難な事案に対する迅速なサポート、校長のバックアップを充実

【業務の縮減・効率化等】
- 学校の職場環境、業務内容・方法の点検・評価、業務縮減・効率化

【相談体制等の充実】
- 相談窓口の設置や病院等を指定した相談体制の整備・充実
- スクールカウンセラー、退職校長等の専門家の活用

【良好な職場環境・雰囲気の醸成】
- 産業医配置等の労働安全衛生管理体制の整備、実効性のある取組
- 教育委員会専属の産業医や嘱託精神科医等を配置し、当該医師等に学校現場の実情を理解してもらうことにより実効性を確保

(文部科学省,2012「教職員のメンタルヘルス対策について(中間まとめ)」p.14より)

表6-4　復職支援

病気休暇取得から職場復帰までの主な対応
病気休暇（多くの地方公共団体において最長90日、一部自治体では最長180日）**取得・休職**（最長3年）**発令**

校長等による状況把握
- 病気休暇承認を本人に伝える際、定期的に連絡を取る予定であること、主治医や家族とも連携したいこと等について、予め本人の了解を得る
- 休暇・休職期間中、本人の状況等を定期的に確認
- 本人が治療に専念できるよう代替措置等の校内体制を整備
- 予め主治医に職場や職務について理解を得ておくなど連携

本人から復職希望の申出
主治医から復職可の診断を受け、復職希望の申出
- 校長が本人に復職プログラムに関する制度等を十分説明
- 主治医の意見書を踏まえ、産業医や嘱託精神科医等の医師が本人と面談して、教育委員会が校長等の意見も踏まえ、プログラム実施の可否を判断（実施する場合には、具体的に配慮すべき点も判断）

復職プログラムの作成・承認
休職等期間中の試し出勤等の復職準備の取組
- 復職プログラムは、概ね次の段階を経ることが望ましい
    - 第1段階：通勤し職場に慣れる
    - 第2段階：仕事の内容に慣れる
    - 第3段階：復職に向けた具体的な準備
- 段階毎の具体的なプログラム内容、求められる水準を明確化
- 休職期間中に実施することを踏まえた十分な配慮

復職プログラムの実施　　約1ヶ月以上（できれば2～3ヶ月）
復職プログラム実施中の経過観察
- 校長が主治医、産業医、嘱託精神科医等と連携しつつ、本人と段階的な目標を共有し、確認しながらプログラムを実施
- 校長が他の教職員等の理解を得ながら、全校的なフォローアップ体制を整備
- 変更や中止が必要な場合は主治医とも連携し判断

復職可否の判断　　→　休職等継続
復職の可否について職場として慎重に判断
- プログラム作成時に想定した段階毎に求められる水準に照らし、本人の快復状況、プログラムの実施状況、校長やその他の教職員、主治医、産業医、嘱託精神科医等の意見を踏まえ、能力を見極めた上で、教育委員会において慎重に判断
- 教員の場合、授業を滞りなく行えるか見極めることが重要
- 復職の時期や勤務場所についても十分考慮

復職
復職後の適切なフォローアップ
- 日頃からメンタルヘルスに理解のある職場づくり
- 主治医、産業医、嘱託精神科医等とも連携しつつ、校長が本人と勤務軽減解除に向けた段階的な目標を共有し、確認しながら必要な支援を行う
- 校長が復職後の業務を適切に配慮し、経過を観察
- 周りの教職員が本人に対し普段どおりに接することが大切
- 復職した教職員を支援するため、代替教員の任期延長も含めた支援策を検討

（文部科学省，2012「教職員のメンタルヘルス対策について（中間まとめ）」p.21 より）

校長等、教育委員会の立場からそれぞれに取り組むことが提言されている（表6-3）。なかでも、校長や教育委員会といった管理者の立場から、「セルフケアの促進」「ラインによるケアの充実」「業務の軽減・効率化」「組織体制等の充実」「良好な職場環境・雰囲気の醸成」への配慮ある取り組み以外に、復職支援の充実もその学校において対応することが求められている（表6-4）。

　教師が生き生きと働く姿は、児童生徒にとっても生き生きと働く大人として重要なモデルである。そのため、働き方改革に基づく職場環境のPDCAサイクルを行いながら、時には、同僚教師に愚痴を聞いてもらう、雑談するなどの余裕を持ちたい。また、日常生活の中で、自身に活力を与える趣味や興味・関心に没頭する時間、家族との時間など、ストレスと上手につき合うための解消方法とリラックスできる場所と時間も確保したい。このように、教師自身が「自分」を大事にし、周囲の力を借りてそれを自分の力にしていくことも、教師の重要なスキルの一つである。

【引用文献】

秋田喜代美　2012　学び続ける教師と学校文化のために　武田明典・村瀬正胤・嶋﨑政男編　現場で役立つ教育の最新事情　北樹出版　pp.112-114

原田恵理子　2014　教師の力量とキャリア形成　自己成長の重要性　原田恵理子・森山賢一編　自己成長を目指す教職実践演習　北樹出版

国立教育政策所編　2014　教員環境の国際比較―OECD国際教員指導環境調査（TALIS）2013年調査結果報告書　明石書店

文部科学省 2012　教職員のメンタルヘルス対策について（最終まとめ）
　http://www.mext.go.jp/component/b_menu/shingi/toushin/__icsFiles/afieldfile/2013/03/29/1332655_03.pdf（閲覧日平成29年12月28日）

文部科学省　2017a　教員勤務実態調査（平成28年度）の集計（測定値）について（概要）
　http://www.mext.go.jp/b_menu/houdou/29/04/1385174.htm（閲覧日平成29年12月28日）

文部科学省　2017 b　平成28年度公立学校教職員の人事行政状況調査について

http://www.mext.go.jp/a_menu/shotou/jinji/1399577.htm（閲覧日平成29年12月28日）

おわりに

　本書が問うているものは2つであり、それがそのまま書名ともなっている。その問いこそが、基本書でありながら、現職の先生方にもお読みいただければということで、教師論や教職論等の類書も多いなか、あえて私たちが本書を上梓した趣意である。
　それは、教員としての資質とは何かという問題と、私たち自身の教員としての在り方に対する覚悟と志の問題である。この問題は、これから教員になろうとする学生のみなさんにとっても、教員としての生活を歩みだしたばかりのみなさんにとっても、そして多年月を教員として過ごされてきた中堅・ベテランのみなさんにとっても、共に等しく常に突きつけられている問題なのである。
　私には、これらの問題を問われたとき、必ず思い浮かべるイメージがある。それは野山獄における吉田松陰の活動である。松陰自身の思想は史家や時代の評価に任せるとして、教育者としての原型が野山獄の松陰には、確かにあると思っている。己の信念に殉じ獄舎の人となった松陰が、そこに見いだした一筋の光明が教育であった。
　そこには、私が若いころから研究してきたピア・サポートの学習場面における原型がある。そこで行われたものは、それぞれが得意なものを相互に講師となって教え合うという営みであった。今でいうところのアクティブ・ラーニングや「主体的・対話的で深い学び」の原型も見て取れる。
　松陰は、刑期も定められずいつ出獄できるかもわからないなかで、軟禁状態に捨て置かれ、心も荒んでいたであろう獄舎の住人たちに一筋の道を示したのだ。やがてそれは獄吏をも巻き込み、まさに学びのコミュ

ニティを形成する。野山獄の住人たちは、自分よりも年若い松陰に感化されて学び始めるのである。

　野山獄での松陰の活動は、私たちに「学びそのものの中にこそ、人を癒す力が確かにある」ということを教えてくれる。そして、その学びに内在する癒しの力が十二分に発揮されるのは、教員自身のまさに在り方の問題そのものなのである。

　本書は、「教職の意義」「教員の役割」「教員の職務内容」「チーム学校への対応」の観点から基礎的基本的な事柄を取り上げている。それは教職課程の学生のみなさんに、教員の役割や職務内容を踏まえたうえで、教職の意義を理解し、自己の進路選択において高い志と気概をもってもらいたいからである。また現職教員のみなさんには、今一度、実践に向けて教員としての在り方を見つめ直す機会としていただきたいと願うものである。

　「チームとしての学校」という名の下に、多職種間の連携と協働が言われて久しいが、そのチームが有効に機能するための中心は教員であり、その基盤は「学びに内在する癒しの力」であると私は思っている。そのために、教員自身の絶えざる学びが必要である。

　本書が、微力ではあっても、その一助となることを執筆者一同願うものである。

田邊　昭雄

資　料

1．日本国憲法〈抄〉

　日本国民は、正当に選挙された国会における代表者を通じて行動し、われらとわれらの子孫のために、諸国民との協和による成果と、わが国全土にわたつて自由のもたらす恵沢を確保し、政府の行為によつて再び戦争の惨禍が起ることのないやうにすることを決意し、ここに主権が国民に存することを宣言し、この憲法を確定する。そもそも国政は、国民の厳粛な信託によるものであつて、その権威は国民に由来し、その権力は国民の代表者がこれを行使し、その福利は国民がこれを享受する。これは人類普遍の原理であり、この憲法は、かかる原理に基くものである。われらは、これに反する一切の憲法、法令及び詔勅を排除する。

　日本国民は、恒久の平和を念願し、人間相互の関係を支配する崇高な理想を深く自覚するのであつて、平和を愛する諸国民の公正と信義に信頼して、われらの安全と生存を保持しようと決意した。われらは、平和を維持し、専制と隷従、圧迫と偏狭を地上から永遠に除去しようと努めてゐる国際社会において、名誉ある地位を占めたいと思ふ。われらは、全世界の国民が、ひとしく恐怖と欠乏から免かれ、平和のうちに生存する権利を有することを確認する。

　われらは、いづれの国家も、自国のことのみに専念して他国を無視してはならないのであつて、政治道徳の法則は、普遍的なものであり、この法則に従ふことは、自国の主権を維持し、他国と対等関係に立たうとする各国の責務であると信ずる。

　日本国民は、国家の名誉にかけ、全力をあげてこの崇高な理想と目的を達成することを誓ふ。

第3章　国民の権利及び義務

第15条〔公務員の選定罷免権、公務員の本質、普通選挙の保障及び投票秘密の保障〕公務員を選定し、及びこれを罷免することは、国民固有の権利である。

2　すべて公務員は、全体の奉仕者であつて、一部の奉仕者ではない。

3　公務員の選挙については、成年者による普通選挙を保障する。

4　すべて選挙における投票の秘密は、これを侵してはならない。選挙人は、その選択に関し公的にも私的にも責任を問はれない。

第19条〔思想及び良心の自由〕思想及び良心の自由は、これを侵してはならない。

第20条〔信教の自由〕信教の自由は、何人に対してもこれを保障する。いか

なる宗教団体も、国から特権を受け、又は政治上の権力を行使してはならない。
2　何人も、宗教上の行為、祝典、儀式又は行事に参加することを強制されない。
3　国及びその機関は、宗教教育その他いかなる宗教的活動もしてはならない。

第23条〔学問の自由〕学問の自由は、これを保障する。

第26条〔教育を受ける権利と受けさせる義務〕すべて国民は、法律の定めるところにより、その能力に応じて、ひとしく教育を受ける権利を有する。
2　すべて国民は、法律の定めるところにより、その保護する子女に普通教育を受けさせる義務を負ふ。義務教育は、これを無償とする。

第27条〔勤労の権利と義務、勤労条件の基準及び児童酷使の禁止〕すべて国民は、勤労の権利を有し、義務を負ふ。
2　賃金、就業時間、休息その他の勤労条件に関する基準は、法律でこれを定める。
3　児童は、これを酷使してはならない。

第36条〔拷問及び残虐な刑罰の禁止〕公務員による拷問及び残虐な刑罰は、絶対にこれを禁ずる。

第7章　財政

第89条〔公の財産の用途制限〕公金その他の公の財産は、宗教上の組織若しくは団体の使用、便益若しくは維持のため、又は公の支配に属しない慈善、教育若しくは博愛の事業に対し、これを支出し、又はその利用に供してはならない。

2．教育基本法〈抄〉
（平成18年12月22日　法律第120号）

　我々日本国民は、たゆまぬ努力によって築いてきた民主的で文化的な国家を更に発展させるとともに、世界の平和と人類の福祉の向上に貢献することを願うものである。

　我々は、この理想を実現するため、個人の尊厳を重んじ、真理と正義を希求し、公共の精神を尊び、豊かな人間性と創造性を備えた人間の育成を期するとともに、伝統を継承し、新しい文化の創造を目指す教育を推進する。

　ここに、我々は、日本国憲法の精神にのっとり、我が国の未来を切り拓く教育の基本を確立し、その振興を図るため、この法律を制定する。

第1章　教育の目的及び理念

第1条（教育の目的）教育は、人格の完成を目指し、平和で民主的な国家及び社会の形成者として必要な資質を備え

た心身ともに健康な国民の育成を期して行われなければならない。

第2条（教育の目標）教育は、その目的を実現するため、学問の自由を尊重しつつ、次に掲げる目標を達成するよう行われるものとする。

一　幅広い知識と教養を身に付け、真理を求める態度を養い、豊かな情操と道徳心を培うとともに、健やかな身体を養うこと。

二　個人の価値を尊重して、その能力を伸ばし、創造性を培い、自主及び自律の精神を養うとともに、職業及び生活との関連を重視し、勤労を重んずる態度を養うこと。

三　正義と責任、男女の平等、自他の敬愛と協力を重んずるとともに、公共の精神に基づき、主体的に社会の形成に参画し、その発展に寄与する態度を養うこと。

四　生命を尊び、自然を大切にし、環境の保全に寄与する態度を養うこと。

五　伝統と文化を尊重し、それらをはぐくんできた我が国と郷土を愛するとともに、他国を尊重し、国際社会の平和と発展に寄与する態度を養うこと。

第3条（生涯学習の理念）国民一人一人が、自己の人格を磨き、豊かな人生を送ることができるよう、その生涯にわたって、あらゆる機会に、あらゆる場所において学習することができ、その成果を適切に生かすことのできる社会の実現が図られなければならない。

第4条（教育の機会均等）すべて国民は、ひとしく、その能力に応じた教育を受ける機会を与えられなければならず、人種、信条、性別、社会的身分、経済的地位又は門地によって、教育上差別されない。

2　国及び地方公共団体は、障害のある者が、その障害の状態に応じ、十分な教育を受けられるよう、教育上必要な支援を講じなければならない。

3　国及び地方公共団体は、能力があるにもかかわらず、経済的理由によって修学が困難な者に対して、奨学の措置を講じなければならない。

第2章　教育の実施に関する基本

第5条（義務教育）国民は、その保護する子に、別に法律で定めるところにより、普通教育を受けさせる義務を負う。

2　義務教育として行われる普通教育は、各個人の有する能力を伸ばしつつ社会において自立的に生きる基礎を培い、また、国家及び社会の形成者として必要とされる基本的な資質を養うことを目的として行われるものとする。

3　国及び地方公共団体は、義務教育の機会を保障し、その水準を確保するため、適切な役割分担及び相互の協力の下、その実施に責任を負う。

4　国又は地方公共団体の設置する学校における義務教育については、授業料を徴収しない。

第6条（学校教育）法律に定める学校は、公の性質を有するものであって、国、地方公共団体及び法律に定める法人のみが、これを設置することができる。

2　前項の学校においては、教育の目標が達成されるよう、教育を受ける者の心身の発達に応じて、体系的な教育が組織的に行われなければならない。この場合において、教育を受ける者が、学校生活を営む上で必要な規律を重んずるとともに、自ら進んで学習に取り組む意欲を高めることを重視して行われなければならない。

第7条（大学）大学は、学術の中心として、高い教養と専門的能力を培うとともに、深く真理を探究して新たな知見を創造し、これらの成果を広く社会に提供することにより、社会の発展に寄与するものとする。

2　大学については、自主性、自律性その他の大学における教育及び研究の特性が尊重されなければならない。

第8条（私立学校）私立学校の有する公の性質及び学校教育において果たす重要な役割にかんがみ、国及び地方公共団体は、その自主性を尊重しつつ、助成その他の適当な方法によって私立学校教育の振興に努めなければならない。

第9条（教員）法律に定める学校の教員は、自己の崇高な使命を深く自覚し、絶えず研究と修養に励み、その職責の遂行に努めなければならない。

2　前項の教員については、その使命と職責の重要性にかんがみ、その身分は尊重され、待遇の適正が期せられるとともに、養成と研修の充実が図られなければならない。

第10条（家庭教育）父母その他の保護者は、子の教育について第一義的責任を有するものであって、生活のために必要な習慣を身に付けさせるとともに、自立心を育成し、心身の調和のとれた発達を図るよう努めるものとする。

2　国及び地方公共団体は、家庭教育の自主性を尊重しつつ、保護者に対する学習の機会及び情報の提供その他の家庭教育を支援するために必要な施策を講ずるよう努めなければならない。

第11条（幼児期の教育）幼児期の教育は、生涯にわたる人格形成の基礎を培う重要なものであることにかんがみ、国及び地方公共団体は、幼児の健やかな成長に資する良好な環境の整備その他適当な方法によって、その振興に努めなければならない。

第12条（社会教育）個人の要望や社会の要請にこたえ、社会において行われる教育は、国及び地方公共団体によって奨励されなければならない。

2　国及び地方公共団体は、図書館、博物館、公民館その他の社会教育施設の設置、学校の施設の利用、学習の機会及び情報の提供その他の適当な方法によって社会教育の振興に努めなければ

ならない。

第13条（学校、家庭及び地域住民等の相互の連携協力）学校、家庭及び地域住民その他の関係者は、教育におけるそれぞれの役割と責任を自覚するとともに、相互の連携及び協力に努めるものとする。

第14条（政治教育）良識ある公民として必要な政治的教養は、教育上尊重されなければならない。

2　法律に定める学校は、特定の政党を支持し、又はこれに反対するための政治教育その他政治的活動をしてはならない。

第15条（宗教教育）宗教に関する寛容の態度、宗教に関する一般的な教養及び宗教の社会生活における地位は、教育上尊重されなければならない。

2　国及び地方公共団体が設置する学校は、特定の宗教のための宗教教育その他宗教的活動をしてはならない。

第3章　教育行政

第16条（教育行政）教育は、不当な支配に服することなく、この法律及び他の法律の定めるところにより行われるべきものであり、教育行政は、国と地方公共団体との適切な役割分担及び相互の協力の下、公正かつ適正に行われなければならない。

2　国は、全国的な教育の機会均等と教育水準の維持向上を図るため、教育に関する施策を総合的に策定し、実施しなければならない。

3　地方公共団体は、その地域における教育の振興を図るため、その実情に応じた教育に関する施策を策定し、実施しなければならない。

4　国及び地方公共団体は、教育が円滑かつ継続的に実施されるよう、必要な財政上の措置を講じなければならない。

第17条（教育振興基本計画）政府は、教育の振興に関する施策の総合的かつ計画的な推進を図るため、教育の振興に関する施策についての基本的な方針及び講ずべき施策その他必要な事項について、基本的な計画を定め、これを国会に報告するとともに、公表しなければならない。

2　地方公共団体は、前項の計画を参酌し、その地域の実情に応じ、当該地方公共団体における教育の振興のための施策に関する基本的な計画を定めるよう努めなければならない。

第4章　法令の制定

第18条　この法律に規定する諸条項を実施するため、必要な法令が制定されなければならない。

3．学校教育法〈抄〉
（昭和22年3月31日　法律第26号）

　　第1章　総　則

第1条　この法律で、学校とは、幼稚園、小学校、中学校、義務教育学校、高等学校、中等教育学校、特別支援学校、大学及び高等専門学校とする。

第2条　学校は、国（国立大学法人法（平成15年法律第112号）第2条第1項に規定する国立大学法人及び独立行政法人国立高等専門学校機構を含む。以下同じ。）、地方公共団体（地方独立行政法人法（平成15年法律第118号）第68条第1項に規定する公立大学法人（以下公立大学法人という）を含む。次項において同じ。）および私立学校法（昭和24年法律第270号）第3条に規定する学校法人（以下学校法人と称する。）のみが、これを設置することができる。

2　この法律で、国立学校とは、国の設置する学校を、公立学校とは、地方公共団体の設置する学校を、私立学校とは、学校法人の設置する学校をいう。

第3条　学校を設置しようとする者は、学校の種類に応じ、文部科学大臣の定める設備、編制その他に関する設置基準に従い、これを設置しなければならない。

第4条　次の各号に掲げる学校の設置廃止、設置者の変更その他政令で定める事項（次条において「設置廃止等」という。）は、それぞれ当該各号に定める者の認可を受けなければならない。これらの学校のうち、高等学校（中等教育学校の後期課程を含む。）の通常の課程（以下「全日制の課程」という。）、夜間その他特別の時間又は時期において授業を行う課程（以下「定時制の課程」という。）及び通信による教育を行う課程（以下「通信制の課程」という。）、大学の学部、大学院及び大学院の研究科並びに第108条第2項の大学の学科についても、同様とする。

一　公立又は私立の大学及び高等専門学校　文部科学大臣

二　市町村の設置する高等学校、中等教育学校及び特別支援学校　都道府県の教育委員会

三　私立の幼稚園、小学校、中学校、高等学校、中等教育学校及び特別支援学校　都道府県知事

2　前項の規定にかかわらず、同項第一号に掲げる学校を設置する者は、次に掲げる事項を行うときは、同項の認可を受けることを要しない。この場合において、当該学校を設置する者は、文部科学大臣の定めるところにより、あらかじめ、文部科学大臣に届け出なければならない。

一　大学の学部若しくは大学院の研究科又は第108条第2項の大学の学科の設置であつて、当該大学が授与する学位

の種類及び分野の変更を伴わないもの
二　大学の学部若しくは大学院の研究科又は第108条第2項の大学の学科の廃止
三　前二号に掲げるもののほか、政令で定める事項
3　文部科学大臣は、前項の届出があつた場合において、その届出に係る事項が、設備、授業その他の事項に関する法令の規定に適合しないと認めるときは、その届出をした者に対し、必要な措置をとるべきことを命ずることができる。
4　地方自治法（昭和22年法律第67号）第252条の19第1項の指定都市（第54条第3項において「指定都市」という。）の設置する高等学校、中等教育学校及び特別支援学校については、第1項の規定は、適用しない。この場合において、当該高等学校、中等教育学校及び特別支援学校を設置する者は、同項の規定により認可を受けなければならないとされている事項を行おうとするときは、あらかじめ、都道府県の教育委員会に届け出なければならない。
5　第2項第一号の学位の種類及び分野の変更に関する基準は、文部科学大臣が、これを定める。
第4条の2　市町村は、その設置する幼稚園の設置廃止等を行おうとするときは、あらかじめ、都道府県の教育委員会に届け出なければならない。

第5条　学校の設置者は、その設置する学校を管理し、法令に特別の定のある場合を除いては、その学校の経費を負担する。
第6条　学校においては、授業料を徴収することができる。ただし、国立又は公立の小学校及び中学校、義務教育学校、中等教育学校の前期課程又は特別支援学校の小学部及び中学部における義務教育については、これを徴収することができない。
第7条　学校には、校長及び相当数の教員を置かなければならない。
第8条　校長及び教員（教育職員免許法（昭和24年法律第147号）の適用を受けるものを除く。）の資格に関する事項は、別に法律で定めるもののほか、文部科学大臣がこれを定める。
第9条　次の各号のいずれかに該当するものは、校長又は教員になることができない。
一　成年被後見人又は被保佐人
二　禁錮以上の刑に処せられた者
三　教育職員免許法第10条第1項第二号又は第三号に該当することにより免許状がその効力を失い、当該失効の日から3年を経過しない者
四　教育職員免許法第11条第1項から第3項までの規定により免許状取上げの処分を受け、3年を経過しない者。
五　日本国憲法施行の日以後において、日本国憲法又はその下に成立した政府を暴力で破壊することを主張する政党

その他の団体を結成し、又これに加入した者。

第10条　私立学校は、校長を定め、大学及び高等専門学校にあつては文部科学大臣に、大学及び高等専門学校以外の学校にあつては都道府県知事に届け出なければならない。

第11条　校長及び教員は、教育上必要があると認めるときは、文部科学大臣の定めるところにより、児童、生徒及び学生に懲戒を加えることができる。ただし、体罰を加えることはできない。

第12条　学校においては、別に法律で定めるところにより、幼児、児童、生徒及び学生並びに職員の健康の保持増進を図るため、健康診断を行い、その他その保健に必要な措置を講じなければならない。

第13条　第4条第1項各号に掲げる学校が次の各号のいずれかに該当する場合においては、それぞれ同項各号に定める者は、当該学校の閉鎖を命ずることができる。

一　法令の規程に故意に違反したとき
二　法令の規程によりその者がした命令に違反したとき
三　6箇月以上授業を行わなかったとき

2　前項の規定は、市町村の設置する幼稚園に準用する。この場合において、同項中「それぞれ同項各号に定める者」とあり、及び同項第二号中「その者」とあるのは、「都道府県の教育委員会」と読み替えるものとする。

第14条　大学及び高等専門学校以外の市町村の設置する学校については都道府県の教育委員会、大学及び高等専門学校以外の私立学校については都道府県知事は、当該学校が、設備、授業その他の事項について、法令の規程又は都道府県の教育委員会若しくは都道府県知事の定める規程に違反したときは、その変更を命ずることができる。

第15条　文部科学大臣は、公立又は私立の大学及び高等専門学校が、設備、授業その他の事項について、法令の規定に違反していると認めるときは、当該学校に対し、必要な措置をとるべきことを勧告することができる。

2　文部科学大臣は、前項の規定による勧告によつてもなお当該勧告に係る事項（次項において「勧告事項」という。）が改善されない場合には、当該学校に対し、その変更を命ずることができる。

3　文部科学大臣は、前項の規定による命令によつてもなお勧告事項が改善されない場合には、当該学校に対し、当該勧告事項に係る組織の廃止を命ずることができる。

4　文部科学大臣は、第1項の規定による勧告又は第2項若しくは前項の規定による命令を行うために必要があると認めるときは、当該学校に対し、報告又は資料の提出を求めることができる。

第2章 義務教育

第16条 保護者（子に対して親権を行う者（親権を行う者のないときは、未成年後見人）をいう。以下同じ。）は、次条に定めるところにより、子に9年の普通教育を受けさせる義務を負う。

第17条 保護者は、子の満6歳に達した日の翌日以後における最初の学年の初めから、満12歳に達した日の属する学年の終わりまで、これを小学校又は特別支援学校の小学部に就学させる義務を負う。ただし、子が、満12歳に達した日の属する学年の終わりまでに小学校又は特別支援学校の小学部の課程を修了しないときは、満15歳に達した日の属する学年の終わり（それまでの間において当該課程を修了したときは、その修了した日の属する学年の終わり）までとする。

2 保護者は、子が小学校又は特別支援学校の小学部の課程を修了した日の翌日以後における最初の学年の初めから、満十五歳に達した日の属する学年の終わりまで、これを中学校、中等教育学校の前期課程又は特別支援学校の中学部に就学させる義務を負う。

3 前2項の義務の履行の督促その他これらの義務の履行に関し必要な事項は、政令で定める。

第18条 前条第1項又は第2項の規定によって、保護者が就学させなければならない子（以下それぞれ「学齢児童」又は「学齢生徒」という。）で、病弱、発育不完全その他やむを得ない事由のため、就学困難と認められる者の保護者に対しては、市町村の教育委員会は、文部科学大臣の定めるところにより、同条第1項又は第2項の義務を猶予又は免除することができる。

第19条 経済的理由によって、就学困難と認められる学齢児童又は学齢生徒の保護者に対しては、市町村は、必要な援助を与えなければならない。

第20条 学齢児童又は学齢生徒を使用する者は、その使用によって、当該学齢児童又は学齢生徒が、義務教育を受けることを妨げてはならない。

第21条 義務教育として行われる普通教育は、教育基本法（平成18年法律第120号）第5条第2項に規定する目的を実現するため、次に掲げる目標を達成するよう行われるものとする。

一 学校内外における社会的活動を促進し、自主、自律及び協同の精神、規範意識、公正な判断力並びに公共の精神に基づき主体的に社会の形成に参画し、その発展に寄与する態度を養うこと。

二 学校内外における自然体験活動を促進し、生命及び自然を尊重する精神並びに環境の保全に寄与する態度を養うこと。

三 我が国と郷土の現状と歴史について、正しい理解に導き、伝統と文化を尊重し、それらをはぐくんできた我が

国と郷土を愛する態度を養うとともに、進んで外国の文化の理解を通じて、他国を尊重し、国際社会の平和と発展に寄与する態度を養うこと。
四　家族と家庭の役割、生活に必要な衣、食、住、情報、産業その他の事項について基礎的な理解と技能を養うこと。
五　読書に親しませ、生活に必要な国語を正しく理解し、使用する基礎的な能力を養うこと。
六　生活に必要な数量的な関係を正しく理解し、処理する基礎的な能力を養うこと。
七　生活にかかわる自然現象について、観察及び実験を通じて、科学的に理解し、処理する基礎的な能力を養うこと。
八　健康、安全で幸福な生活のために必要な習慣を養うとともに、運動を通じて体力を養い、心身の調和的発達を図ること。
九　生活を明るく豊かにする音楽、美術、文芸その他の芸術について基礎的な理解と技能を養うこと。
十　職業についての基礎的な知識と技能、勤労を重んずる態度及び個性に応じて将来の進路を選択する能力を養うこと。

第3章　幼稚園

第22条　幼稚園は、義務教育及びその後の教育の基礎を培うものとして、幼児を保育し、幼児の健やかな成長のために適当な環境を与えて、その心身の発達を助長することを目的とする。
第23条　幼稚園における教育は、前条に規定する目的を実現するため、次に掲げる目標を達成するよう行われるものとする。
一　健康、安全で幸福な生活のために必要な基本的な習慣を養い、身体諸機能の調和的発達を図ること。
二　集団生活を通じて、喜んでこれに参加する態度を養うとともに家族や身近な人への信頼感を深め、自主、自律及び協同の精神並びに規範意識の芽生えを養うこと。
三　身近な社会生活、生命及び自然に対する興味を養い、それらに対する正しい理解と態度及び思考力の芽生えを養うこと。
四　日常の会話や、絵本、童話等に親しむことを通じて、言葉の使い方を正しく導くとともに、相手の話を理解しようとする態度を養うこと。
五　音楽、身体による表現、造形等に親しむことを通じて、豊かな感性と表現力の芽生えを養うこと。

第4章　小学校

第29条　小学校は、心身の発達に応じて、義務教育として行われる普通教育のうち基礎的なものを施すことを目的とする。
第30条　小学校における教育は、前条

に規定する目的を実現するために必要な程度において第21条各号に掲げる目標を達成するよう行われるものとする。

2 前項の場合においては、生涯にわたり学習する基盤が培われるよう、基礎的な知識及び技能を習得させるとともに、これらを活用して課題を解決するために必要な思考力、判断力、表現力その他の能力をはぐくみ、主体的に学習に取り組む態度を養うことに、特に意を用いなければならない。

第31条 小学校においては、前条第1項の規定による目標の達成に資するよう、教育指導を行うに当たり、児童の体験的な学習活動、特にボランティア活動など社会奉仕体験活動、自然体験活動その他の体験活動の充実に努めるものとする。この場合において、社会教育関係団体その他の関係団体及び関係機関との連携に十分配慮しなければならない。

第32条 小学校の修業年限は、6年とする。

第33条 小学校の教育課程に関する事項は、第29条及び第30条の規程に従い、文部科学大臣が定める。

第34条 小学校においては、文部科学大臣の検定を経た教科用図書又は文部科学省が著作の名義を有する教科用図書を使用しなければならない。

2 前項の教科用図書以外の図書その他の教材で、有益適切なものは、これを使用することができる。

3 第1項の検定の申請に係る教科用図書に関し調査審議させるための審議会等（国家行政組織法（昭和23年法律第120号）第8条に規定する機関をいう。以下同じ。）については、政令で定める。

第35条 市町村の教育委員会は、次に掲げる行為の一又は二以上を繰り返し行う等性行不良であつて他の児童の教育に妨げがあると認める児童があるときは、その保護者に対して、児童の出席停止を命ずることができる。

一 他の児童に傷害、心身の苦痛又は財産上の損失を与える行為

二 職員に傷害又は心身の苦痛を与える行為

三 施設又は設備を損壊する行為

四 授業その他の教育活動の実施を妨げる行為

2 市町村の教育委員会は、前項の規定により出席停止を命ずる場合には、あらかじめ保護者の意見を聴取するとともに、理由及び期間を記載した文書を交付しなければならない。

3 前項に規定するもののほか、出席停止の命令の手続に関し必要な事項は、教育委員会規則で定めるものとする。

4 市町村の教育委員会は、出席停止の命令に係る児童の出席停止の期間における学習に対する支援その他の教育上必要な措置を講ずるものとする。

第36条 学齢に達しない子は、小学校

に入学させることができない。
第37条 小学校には、校長、教頭、教諭、養護教諭及び事務職員を置かなければならない。
2 小学校には、前項に規定するもののほか、副校長、主幹教諭、指導教諭、栄養教諭その他必要な職員を置くことができる。
3 第1項の規定にかかわらず、副校長を置くときその他特別の事情のあるときは教頭を、養護をつかさどる主幹教諭を置くときは養護教諭を、特別の事情のあるときは事務職員を、それぞれ置かないことができる。
4 校長は、校務をつかさどり、所属職員を監督する。
5 副校長は、校長を助け、命を受けて校務をつかさどる。
6 副校長は、校長に事故があるときはその職務を代理し、校長が欠けたときはその職務を行う。この場合において、副校長が2人以上あるときは、あらかじめ校長が定めた順序で、その職務を代理し、又は行う。
7 教頭は、校長(副校長を置く小学校にあつては、校長及び副校長)を助け、校務を整理し、及び必要に応じ児童の教育をつかさどる。
8 教頭は、校長(副校長を置く小学校にあつては、校長及び副校長)に事故があるときは校長の職務を代理し、校長(副校長を置く小学校にあつては、校長及び副校長)が欠けたときは校長の職務を行う。この場合において、教頭が二人以上あるときは、あらかじめ校長が定めた順序で、校長の職務を代理し、又は行う。
9 主幹教諭は、校長(副校長を置く小学校にあつては、校長及び副校長)及び教頭を助け、命を受けて校務の一部を整理し、並びに児童の教育をつかさどる。
10 指導教諭は、児童の教育をつかさどり、並びに教諭その他の職員に対して、教育指導の改善及び充実のために必要な指導及び助言を行う。
11 教諭は、児童の教育をつかさどる。
12 養護教諭は、児童の養護をつかさどる。
13 栄養教諭は、児童の栄養の指導及び管理をつかさどる。
14 事務職員は、事務に従事する。
15 助教諭は、教諭の職務を助ける。
16 講師は、教諭又は助教諭に準ずる職務に従事する。
17 養護助教諭は、養護教諭の職務を助ける。
18 特別の事情のあるときは、第1項の規定にかかわらず、教諭に代えて助教諭又は講師を、養護教諭に代えて養護助教諭を置くことができる。
19 学校の実情に照らし必要があると認めるときは、第9項の規定にかかわらず、校長(副校長を置く小学校にあつては、校長及び副校長)及び教頭を助け、命を受けて校務の一部を整理し、

並びに児童の養護又は栄養の指導及び管理をつかさどる主幹教諭を置くことができる。
第44条　私立の小学校は、都道府県知事の所管に属する。

第5章　中学校

第45条　中学校は、小学校における教育基礎の上に、心身の発達に応じて、義務教育として行われる普通教育を施すことを目的とする。
第46条　中学校における教育は、前条に規定する目的を実現するため、第21条各号に掲げる目標を達成するよう行われるものとする。
第47条　中学校の修業年限は、三年とする。
第48条　中学校の教育課程に関する事項は、第45条及び第46条の規定並びに次条において読み替えて準用する第30条第2項の規定に従い、文部科学大臣が定める。

第5章の2　義務教育学校

第49条の2　義務教育学校は、心身の発達に応じて、義務教育として行われる普通教育を基礎的なものから一貫して施すことを目的とする。
第49条の3　義務教育学校における教育は、前条に規定する目的を実現するため、第21条各号に掲げる目標を達成するよう行われるものとする。
第49条の4　義務教育学校の修業年限は、9年とする。
第49条の5　義務教育学校の課程は、これを前期6年の前期課程及び後期3年の後期課程に区分する。
第49条の6　義務教育学校の前期課程における教育は、第49条の2に規定する目的のうち、心身の発達に応じて、義務教育として行われる普通教育のうち基礎的なものを施すことを実現するために必要な程度において第21条各号に掲げる目標を達成するよう行われるものとする。
2　義務教育学校の後期課程における教育は、第49条の2に規定する目的のうち、前期課程における教育の基礎の上に、心身の発達に応じて、義務教育として行われる普通教育を施すことを実現するため、第21条各号に掲げる目標を達成するよう行われるものとする。

第6章　高等学校

第50条　高等学校は、中学校における教育の基礎の上に、心身の発達及び進路に応じて、高度な普通教育及び専門教育を施すことを目的とする。
第51条　高等学校における教育は、前条に規定する目的を実現するため、次に掲げる目標を達成するよう行われるものとする。

一　義務教育として行われる普通教育の成果を更に発展拡充させて、豊かな人間性、創造性及び健やかな身体を養い、国家及び社会の形成者として必要な資質を養うこと。
二　社会において果たさなければならない使命の自覚に基づき、個性に応じて将来の進路を決定させ、一般的な教養を高め、専門的な知識、技術及び技能を習得させること。
三　個性の確立に努めるとともに、社会について、広く深い理解と健全な批判力を養い、社会の発展に寄与する態度を養うこと。

第52条　高等学校の学科及び教育課程に関する事項は、前2条の規定及び第62条において読み替えて準用する第30条第2項の規定に従い、文部科学大臣が定める。

第53条　高等学校には、全日制課程のほか、定時制の課程を置くことができる。
2　高等学校には、定時制の課程のみを置くことができる。

第54条　高等学校には、全日制の課程又は定時制の課程のほか、通信制の課程を置くことができる。
2　高等学校には、通信制の課程のみを置くことができる。

第56条　高等学校の修業年限は、全日制の課程については、3年とし、定時制の課程及び通信制の課程については、3年以上とする。

第60条　高等学校には、校長、教頭、教諭及び事務職員を置かなければならない。
2　高等学校には、前項に規定するもののほか、副校長、主幹教諭、指導教諭、養護教諭、栄養教諭、養護助教諭、実習助手、技術職員その他必要な職員を置くことができる。
3　第1項の規定にかかわらず、副校長を置くときは、教頭を置かないことができる。
4　実習助手は、実験又は実習について、教諭の職務を助ける。
5　特別の事情のあるときは、第1項の規定にかかわらず、教諭に代えて助教諭又は講師を置くことができる。
6　技術職員は、技術に従事する。

第7章　中等教育学校

第63条　中等教育学校は、小学校における教育の基礎の上に、心身の発達及び進路に応じて、義務教育として行われる普通教育並びに高度な普通教育及び専門教育を一貫して施すことを目的とする。

第64条　中等教育学校における教育は、前条に規定する目的を実現するため、次に掲げる目標を達成するよう行われるものとする。
一　豊かな人間性、創造性及び健やかな身体を養い、国家及び社会の形成者として必要な資質を養うこと。

二 社会において果たさなければならない使命の自覚に基づき、個性に応じて将来の進路を決定させ、一般的な教養を高め、専門的な知識、技術及び技能を習得させること。

三 個性の確立に努めるとともに、社会について、広く深い理解と健全な批判力を養い、社会の発展に寄与する態度を養うこと。

第65条 中等教育学校の修業年限は、6年とする。

第66条 中等教育学校の課程は、これを前期3年の前期課程及び後期3年の後期課程に区分する。

第67条 中等教育学校の前期課程における教育は、第63条に規定する目的のうち、小学校における教育の基礎の上に、心身の発達に応じて、義務教育として行われる普通教育を施すことを実現するため、第21条各号に掲げる目標を達成するよう行われるものとする。

2 中等教育学校の後期課程における教育は、第63条に規定する目的のうち、心身の発達及び進路に応じて、高度な普通教育及び専門教育を施すことを実現するため、第64条各号に掲げる目標を達成するよう行われるものとする。

第69条 中等教育学校には、校長、教頭、教諭、養護教諭及び事務職員を置かなければならない。

2 中等教育学校には、前項に規定するもののほか、副校長、主幹教諭、指導教諭、栄養教諭、実習助手、技術職員その他必要な職員を置くことができる。

3 第1項の規定にかかわらず、副校長を置くときは教頭を、養護をつかさどる主幹教諭を置くときは養護教諭を、それぞれ置かないことができる。

第71条 同一の設置者が設置する中学校及び高等学校においては、文部科学大臣の定めるところにより、中等教育学校に準じて、中学校における教育と高等学校における教育を一貫して施すことができる。

第8章 特別支援教育

第72条 特別支援学校は、視覚障害者、聴覚障害者、知的障害者、肢体不自由者又は病弱者（身体虚弱者を含む。以下同じ。）に対して、幼稚園、小学校、中学校又は高等学校に準ずる教育を施すとともに、障害による学習上又は生活上の困難を克服し自立を図るために必要な知識技能を授けることを目的とする。

第73条 特別支援学校においては、文部科学大臣の定めるところにより、前条に規定する者に対する教育のうち当該学校が行うものを明らかにするものとする。

第74条 特別支援学校においては、第72条に規定する目的を実現するため

の教育を行うほか、幼稚園、小学校、中学校、義務教育学校、高等学校又は中等教育学校の要請に応じて、第81条第1項に規定する幼児、児童又は生徒の教育に関し必要な助言又は援助を行うよう努めるものとする。

第75条　第72条に規定する視覚障害者、聴覚障害者、知的障害者、肢体不自由者又は病弱者の障害の程度は、政令で定める。

第76条　特別支援学校には、小学部及び中学部を置かなければならない。ただし、特別の必要のある場合においては、そのいずれかのみを置くことができる。

2　特別支援学校には、小学部及び中学部のほか、幼稚部又は高等部を置くことができ、また、特別の必要のある場合においては、前項の規定にかかわらず、小学部及び中学部を置かないで幼稚部又は高等部のみを置くことができる。

第77条　特別支援学校の幼稚部の教育課程その他の保育内容、小学部及び中学部の教育課程又は高等部の学科及び教育課程に関する事項は、幼稚園、小学校、中学校又は高等学校に準じて、文部科学大臣が定める。

第80条　都道府県は、その区域内にある学齢児童及び学齢生徒のうち、視覚障害者、聴覚障害者、知的障害者、肢体不自由者又は病弱者で、その障害が第75条の政令で定める程度のものを就学させるに必要な特別支援学校を設置しなければならない。

第81条　幼稚園、小学校、中学校、義務教育学校、高等学校及び中等教育学校においては、次項各号のいずれかに該当する幼児、児童及び生徒その他教育上特別の支援を必要とする幼児、児童及び生徒に対し、文部科学大臣の定めるところにより、障害による学習上又は生活上の困難を克服するための教育を行うものとする。

2　小学校、中学校、義務教育学校、高等学校及び中等教育学校には、次の各号のいずれかに該当する児童及び生徒のために、特別支援学級を置くことができる。

一　知的障害者
二　肢体不自由者
三　身体虚弱者
四　弱視者
五　難聴者
六　その他障害のある者で、特別支援学級において教育を行うことが適当なもの

3　前項に規定する学校においては、疾病により療養中の児童及び生徒に対して、特別支援学級を設け、又は教員を派遣して、教育を行うことができる。

　　第9章　大　学

第83条　大学は、学術の中心として、広く知識を授けるとともに、深く専門

の学芸を教授研究し、知的、道徳的及び応用的能力を展開させることを目的とする。
2　大学は、その目的を実現するための教育研究を行い、その成果を広く社会に提供することにより、社会の発展に寄与するものとする。

第10章　高等専門学校

第115条　高等専門学校は、深く専門の学芸を教授し、職業に必要な能力を育成することを目的とする。
2　高等専門学校は、その目的を実現するための教育を行い、その成果を広く社会に提供することにより、社会の発展に寄与するものとする。

第11章　専修学校

第124条　第一条に掲げるもの以外の教育施設で、職業若しくは実際生活に必要な能力を育成し、又は教養の向上を図ることを目的として次の各号に該当する組織的な教育を行うもの（当該教育を行うにつき他の法律に特別の規定があるもの及び我が国に居住する外国人を専ら対象とするものを除く。）は、専修学校とする。
一　修業年限が1年以上であること。
二　授業時数が文部科学大臣の定める授業時数以上であること。
三　教育を受ける者が常時40人以上であること。

4．教育公務員特例法〈抄〉
（昭和24年1月12日　法律第1号）

第1章　総則

第1条（この法律の趣旨）この法律は、教育を通じて国民全体に奉仕する教育公務員の職務とその責任の特殊性に基づき、教育公務員の任免、人事評価、給与、分限、懲戒、服務及び研修等について規定する。
第2条（定義）この法律において「教育公務員」とは、地方公務員のうち、学校（学校教育法（昭和22年法律第26号）第1条に規定する学校及び就学前の子どもに関する教育、保育等の総合的な提供の推進に関する法律（平成18年法律第77号）第2条第7項に規定する幼保連携型認定こども園（以下「幼保連携型認定こども園」という。）をいう。以下同じ。）であつて地方公共団体が設置するもの（以下「公立学校」という。）の学長、校長（園長を含む。以下同じ。）、教員及び部局長並びに教育委員会の専門的教育職員をいう。
2　この法律において「教員」とは、公立学校の教授、准教授、助教、副校長（副園長を含む。以下同じ。）、教頭、

主幹教諭（幼保連携型認定こども園の主幹養護教諭及び主幹栄養教諭を含む。以下同じ。）、指導教諭、教諭、助教諭、養護教諭、養護助教諭、栄養教諭、主幹保育教諭、指導保育教諭、保育教諭、助保育教諭及び講師（常時勤務の者及び地方公務員法（昭和25年法律第261号）第28条の5第1項に規定する短時間勤務の職を占める者に限る。第23条第2項を除き、以下同じ。）をいう。

（3、4項は省略）

5　この法律で「専門的教育職員」とは、指導主事及び社会教育主事をいう。

　　　第2章　任免、人事評価、給与、分限及び懲戒
　　　第2節　大学以外の公立学校の校長及び教員

第11条（採用及び昇任の方法）公立学校の校長の採用（現に校長の職以外の職に任命されている者を校長の職に任命する場合を含む。）並びに教員の採用（現に教員の職以外の職に任命されている者を教員の職に任命する場合を含む。以下この条において同じ。）及び昇任（採用に該当するものを除く。）は、選考によるものとし、その選考は、大学附置の学校にあつては当該大学の学長が、大学附置の学校以外の公立学校（幼保連携型認定こども園を除く。）にあつてはその校長及び教員の任命権者である教育委員会の教育長が、大学附置の学校以外の公立学校（幼保連携型認定こども園に限る。）にあつてはその校長及び教員の任命権者である地方公共団体の長が行う。

第12条（条件附任用）公立の小学校、中学校、義務教育学校、高等学校、中等教育学校、特別支援学校、幼稚園及び幼保連携型認定こども園（以下「小学校等」という。）の教諭、助教諭、保育教諭、助保育教諭及び講師（以下「教諭等」という。）に係る地方公務員法第22条第1項に規定する採用については、同項中「6月」とあるのは「1年」として同項の規定を適用する。

2　地方教育行政の組織及び運営に関する法律（昭和31年法律第162号）第40条に定める場合のほか、公立の小学校等の校長又は教員で地方公務員法第22条第1項（前項の規定において読み替えて適用する場合を含む。）の規定により正式任用になつている者が、引き続き同一都道府県内の公立の小学校等の校長又は教員に任用された場合には、その任用については、同条同項の規定は適用しない。

　　　第3節　専門的教育職員

第17条（兼職及び他の事業等の従事）教育公務員は、教育に関する他の職を兼ね、又は教育に関する他の事業若しくは事務に従事することが本務の遂行

に支障がないと任命権者（地方教育行政の組織及び運営に関する法律第37条第1項に規定する県費負担教職員については、市町村（特別区を含む。以下同じ。）の教育委員会。第23条第2項及び第24条第2項において同じ。）において認める場合には、給与を受け、又は受けないで、その職を兼ね、又はその事業若しくは事務に従事することができる。

2　前項の場合においては、地方公務員法第38条第2項の規定により人事委員会が定める許可の基準によることを要しない。

第18条（公立学校の教育公務員の政治的行為の制限）公立学校の教育公務員の政治的行為の制限については、当分の間、地方公務員法第36条の規定にかかわらず、国家公務員の例による。

2　前項の規定は、政治的行為の制限に違反した者の処罰につき国家公務員法（昭和22年法律第120号）第110条第1項の例による趣旨を含むものと解してはならない。

第4章　研修

第21条（研修）教育公務員は、その職責を遂行するために、絶えず研究と修養に努めなければならない。

2　教育公務員の任命権者は、教育公務員（公立の小学校等の校長及び教員（臨時的に任用された者その他の政令で定める者を除く。以下この章において同じ。）を除く。）の研修について、それに要する施設、研修を奨励するための方途その他研修に関する計画を樹立し、その実施に努めなければならない。

第22条（研修の機会）教育公務員には、研修を受ける機会が与えられなければならない。

2　教員は、授業に支障のない限り、本属長の承認を受けて、勤務場所を離れて研修を行うことができる。

3　教育公務員は、任命権者の定めるところにより、現職のままで、長期にわたる研修を受けることができる。

第22条の2（校長及び教員としての資質の向上に関する指標の策定に関する指針）文部科学大臣は、公立の小学校等の校長及び教員の計画的かつ効果的な資質の向上を図るため、次条第1項に規定する指標の策定に関する指針（以下「指針」という。）を定めなければならない。

2　指針においては、次に掲げる事項を定めるものとする。

一　公立の小学校等の校長及び教員の資質の向上に関する基本的な事項

二　次条第1項に規定する指標の内容に関する事項

三　その他公立の小学校等の校長及び教員の資質の向上を図るに際し配慮すべき事項

3　文部科学大臣は、指針を定め、又は

これを変更したときは、遅滞なく、これを公表しなければならない。

第22条の3（校長及び教員としての資質の向上に関する指標）公立の小学校等の校長及び教員の任命権者は、指針を参酌し、その地域の実情に応じ、当該校長及び教員の職責、経験及び適性に応じて向上を図るべき校長及び教員としての資質に関する指標（以下「指標」という。）を定めるものとする。

2　公立の小学校等の校長及び教員の任命権者は、指標を定め、又はこれを変更しようとするときは、あらかじめ第22条の5第1項に規定する協議会において協議するものとする。

3　公立の小学校等の校長及び教員の任命権者は、指標を定め、又はこれを変更したときは、遅滞なく、これを公表するよう努めるものとする。

4　独立行政法人教職員支援機構は、指標を策定する者に対して、当該指標の策定に関する専門的な助言を行うものとする。

第22条の4（教員研修計画）公立の小学校等の校長及び教員の任命権者は、指標を踏まえ、当該校長及び教員の研修について、毎年度、体系的かつ効果的に実施するための計画（以下この条において「教員研修計画」という。）を定めるものとする。

2　教員研修計画においては、おおむね次に掲げる事項を定めるものとする。

一　任命権者が実施する第23条第1項に規定する初任者研修、第24条第1項に規定する中堅教諭等資質向上研修その他の研修（以下この項において「任命権者実施研修」という。）に関する基本的な方針

二　任命権者実施研修の体系に関する事項

三　任命権者実施研修の時期、方法及び施設に関する事項

四　研修を奨励するための方途に関する事項

五　前各号に掲げるもののほか、研修の実施に関し必要な事項として文部科学省令で定める事項

3　公立の小学校等の校長及び教員の任命権者は、教員研修計画を定め、又はこれを変更したときは、遅滞なく、これを公表するよう努めるものとする。

第22条の5（協議会）公立の小学校等の校長及び教員の任命権者は、指標の策定に関する協議並びに当該指標に基づく当該校長及び教員の資質の向上に関して必要な事項についての協議を行うための協議会（以下「協議会」という。）を組織するものとする。

2　協議会は、次に掲げる者をもつて構成する。

一　指標を策定する任命権者

二　公立の小学校等の校長及び教員の研修に協力する大学その他の当該校長及び教員の資質の向上に関係する大学として文部科学省令で定める者

三　その他当該任命権者が必要と認める

者

3 協議会において協議が調つた事項については、協議会の構成員は、その協議の結果を尊重しなければならない。

4 前3項に定めるもののほか、協議会の運営に関し必要な事項は、協議会が定める。

第23条（初任者研修）公立の小学校等の教諭等の任命権者は、当該教諭等（臨時的に任用された者その他の政令で定める者を除く。）に対して、その採用（現に教諭等の職以外の職に任命されている者を教諭等の職に任命する場合を含む。附則第5条第1項において同じ。）の日から一年間の教諭又は保育教諭の職務の遂行に必要な事項に関する実践的な研修（以下「初任者研修」という。）を実施しなければならない。

2 任命権者は、初任者研修を受ける者（次項において「初任者」という。）の所属する学校の副校長、教頭、主幹教諭（養護又は栄養の指導及び管理をつかさどる主幹教諭を除く。）、指導教諭、教諭、主幹保育教諭、指導保育教諭、保育教諭又は講師のうちから、指導教員を命じるものとする。

3 指導教員は、初任者に対して教諭又は保育教諭の職務の遂行に必要な事項について指導及び助言を行うものとする。

第24条（中堅教諭等資質向上研修）公立の小学校等の教諭等（臨時的に任用された者その他の政令で定める者を除く。以下この項において同じ。）の任命権者は、当該教諭等に対して、個々の能力、適性等に応じて、公立の小学校等における教育に関し相当の経験を有し、その教育活動その他の学校運営の円滑かつ効果的な実施において中核的な役割を果たすことが期待される中堅教諭等としての職務を遂行する上で必要とされる資質の向上を図るために必要な事項に関する研修（以下「中堅教諭等資質向上研修」という。）を実施しなければならない。

2 任命権者は、中堅教諭等資質向上研修を実施するに当たり、中堅教諭等資質向上研修を受ける者の能力、適性等について評価を行い、その結果に基づき、当該者ごとに中堅教諭等資質向上研修に関する計画書を作成しなければならない。

第25条（指導改善研修）公立の小学校等の教諭等の任命権者は、児童、生徒又は幼児（以下「児童等」という。）に対する指導が不適切であると認定した教諭等に対して、その能力、適性等に応じて、当該指導の改善を図るために必要な事項に関する研修（以下「指導改善研修」という。）を実施しなければならない。

2 指導改善研修の期間は、1年を超えてはならない。ただし、特に必要があると認めるときは、任命権者は、指導改善研修を開始した日から引き続き2

年を超えない範囲内で、これを延長することができる。

3 　任命権者は、指導改善研修を実施するに当たり、指導改善研修を受ける者の能力、適性等に応じて、その者ごとに指導改善研修に関する計画書を作成しなければならない。

4 　任命権者は、指導改善研修の終了時において、指導改善研修を受けた者の児童等に対する指導の改善の程度に関する認定を行わなければならない。

5 　任命権者は、第１項及び前項の認定に当たつては、教育委員会規則（幼保連携型認定こども園にあつては、地方公共団体の規則。次項において同じ。）で定めるところにより、教育学、医学、心理学その他の児童等に対する指導に関する専門的知識を有する者及び当該任命権者の属する都道府県又は市町村の区域内に居住する保護者（親権を行う者及び未成年後見人をいう。）である者の意見を聴かなければならない。

6 　前項に定めるもののほか、事実の確認の方法その他第１項及び第４項の認定の手続に関し必要な事項は、教育委員会規則で定めるものとする。

7 　前各項に規定するもののほか、指導改善研修の実施に関し必要な事項は、政令で定める。

第25条の２（指導改善研修後の措置）任命権者は、前条第４項の認定において指導の改善が不十分でなお児童等に対する指導を適切に行うことができないと認める教諭等に対して、免職その他の必要な措置を講ずるものとする。

第５章　大学院修学休業

第26条（大学院修学休業の許可及びその要件等）公立の小学校等の主幹教諭、指導教諭、教諭、養護教諭、栄養教諭、主幹保育教諭、指導保育教諭、保育教諭又は講師（以下「主幹教諭等」という。）で次の各号のいずれにも該当するものは、任命権者の許可を受けて、３年を超えない範囲内で年を単位として定める期間、大学（短期大学を除く。）の大学院の課程若しくは専攻科の課程又はこれらの課程に相当する外国の大学の課程（次項及び第28条第２項において「大学院の課程等」という。）に在学してその課程を履修するための休業（以下「大学院修学休業」という。）をすることができる。

一　主幹教諭（養護又は栄養の指導及び管理をつかさどる主幹教諭を除く。）、指導教諭、教諭、主幹保育教諭、指導保育教諭、保育教諭又は講師にあつては教育職員免許法（昭和24年法律第147号）に規定する教諭の専修免許状、養護をつかさどる主幹教諭又は養護教諭にあつては同法に規定する養護教諭の専修免許状、栄養の指導及び管理をつかさどる主幹教諭又は栄養教諭にあつては同法に規定する栄養教諭の専修免許状の取得を目的としていること。

二 取得しようとする専修免許状に係る基礎となる免許状（教育職員免許法に規定する教諭の一種免許状若しくは特別免許状、養護教諭の一種免許状又は栄養教諭の一種免許状であつて、同法別表第3、別表第5、別表第6、別表第6の2又は別表第7の規定により専修免許状の授与を受けようとする場合には有することを必要とされるものをいう。次号において同じ。）を有していること。
三 取得しようとする専修免許状に係る基礎となる免許状について、教育職員免許法別表第3、別表第5、別表第6、別表第6の2又は別表第7に定める最低在職年数を満たしていること。
四 条件付採用期間中の者、臨時的に任用された者、初任者研修を受けている者その他政令で定める者でないこと。
2 大学院修学休業の許可を受けようとする主幹教諭等は、取得しようとする専修免許状の種類、在学しようとする大学院の課程等及び大学院修学休業をしようとする期間を明らかにして、任命権者に対し、その許可を申請するものとする。

5．地方教育行政の組織及び運営に関する法律〈抄〉

（昭和31年6月30日　法律第162号）

第1章　総則

第1条（この法律の趣旨）この法律は、教育委員会の設置、学校その他の教育機関の職員の身分取扱その他地方公共団体における教育行政の組織及び運営の基本を定めることを目的とする。

第1条の2（基本理念）地方公共団体における教育行政は、教育基本法（平成18年法律第120号）の趣旨にのつとり、教育の機会均等、教育水準の維持向上及び地域の実情に応じた教育の振興が図られるよう、国との適切な役割分担及び相互の協力の下、公正かつ適正に行われなければならない。

第1条の3（大綱の策定等）地方公共団体の長は、教育基本法第17条第1項に規定する基本的な方針を参酌し、その地域の実情に応じ、当該地方公共団体の教育、学術及び文化の振興に関する総合的な施策の大綱（以下単に「大綱」という。）を定めるものとする。

2 地方公共団体の長は、大綱を定め、又はこれを変更しようとするときは、あらかじめ、次条第1項の総合教育会議において協議するものとする。

3 地方公共団体の長は、大綱を定め、又はこれを変更したときは、遅滞なく、

これを公表しなければならない。
4　第1項の規定は、地方公共団体の長に対し、第21条に規定する事務を管理し、又は執行する権限を与えるものと解釈してはならない。

第2章　教育委員会の設置及び組織
第1節　教育委員会の設置、教育長及び委員並びに会議

第2条（設置）都道府県、市（特別区を含む。以下同じ。）町村及び第21条に規定する事務の全部又は一部を処理する地方公共団体の組合に教育委員会を置く。

第3条（組織）教育委員会は、教育長及び4人の委員をもつて組織する。ただし、条例で定めるところにより、都道府県若しくは市又は地方公共団体の組合のうち都道府県若しくは市が加入するものの教育委員会にあつては教育長及び5人以上の委員、町村又は地方公共団体の組合のうち町村のみが加入するものの教育委員会にあつては教育長及び2人以上の委員をもつて組織することができる。

第5条（任期）教育長の任期は3年とし、委員の任期は4年とする。ただし、補欠の教育長又は委員の任期は、前任者の残任期間とする。

2　教育長及び委員は、再任されることができる。

第13条（教育長）教育長は、教育委員会の会務を総理し、教育委員会を代表する。

2　教育長に事故があるとき、又は教育長が欠けたときは、あらかじめその指名する委員がその職務を行う。

第3章　教育委員会及び地方公共団体の長の職務権限

第21条（教育委員会の職務権限）教育委員会は、当該地方公共団体が処理する教育に関する事務で、次に掲げるものを管理し、及び執行する。

一　教育委員会の所管に属する第三十条に規定する学校その他の教育機関（以下「学校その他の教育　機関」という。）の設置、管理及び廃止に関すること。

二　教育委員会の所管に属する学校その他の教育機関の用に供する財産（以下「教育財産」という。）の管理に関すること。

三　教育委員会及び教育委員会の所管に属する学校その他の教育機関の職員の任免その他の人事に関すること。

四　学齢生徒及び学齢児童の就学並びに生徒、児童及び幼児の入学、転学及び退学に関すること。

五　教育委員会の所管に属する学校の組織編制、教育課程、学習指導、生徒指導及び職業指導に関すること。

六　教科書その他の教材の取扱いに関すること。

七　校舎その他の施設及び教具その他の

設備の整備に関すること。
八 校長、教員その他の教育関係職員の研修に関すること。
九 校長、教員その他の教育関係職員並びに生徒、児童及び幼児の保健、安全、厚生及び福利に関すること。
十 教育委員会の所管に属する学校その他の教育機関の環境衛生に関すること。
十一 学校給食に関すること。
十二 青少年教育、女性教育及び公民館の事業その他社会教育に関すること。
十三 スポーツに関すること。
十四 文化財の保護に関すること。
十五 ユネスコ活動に関すること。
十六 教育に関する法人に関すること。
十七 教育に係る調査及び基幹統計その他の統計に関すること。
十八 所掌事務に係る広報及び所掌事務に係る教育行政に関する相談に関すること。
十九 前各号に掲げるもののほか、当該地方公共団体の区域内における教育に関する事務に関すること。

6．子どもの貧困対策の推進に関する法律〈抄〉

（平成25年6月26日　法律第64号）

第1章　総則

第1条（目的）この法律は、子どもの将来がその生まれ育った環境によって左右されることのないよう、貧困の状況にある子どもが健やかに育成される環境を整備するとともに、教育の機会均等を図るため、子どもの貧困対策に関し、基本理念を定め、国等の責務を明らかにし、及び子どもの貧困対策の基本となる事項を定めることにより、子どもの貧困対策を総合的に推進することを目的とする。

第2条（基本理念）子どもの貧困対策は、子ども等に対する教育の支援、生活の支援、就労の支援、経済的支援等の施策を、子どもの将来がその生まれ育った環境によって左右されることのない社会を実現することを旨として講ずることにより、推進されなければならない。

2　子どもの貧困対策は、国及び地方公共団体の関係機関相互の密接な連携の下に、関連分野における総合的な取組として行われなければならない。

第2章　基本的施策

第8条（子どもの貧困対策に関する大綱）
政府は、子どもの貧困対策を総合的に推進するため、子どもの貧困対策に関する大綱（以下「大綱」という。）を定めなければならない。
2　大綱は、次に掲げる事項について定めるものとする。
一　子どもの貧困対策に関する基本的な方針
二　子どもの貧困率、生活保護世帯に属する子どもの高等学校等進学率等子どもの貧困に関する指標及び当該指標の改善に向けた施策
三　教育の支援、生活の支援、保護者に対する就労の支援、経済的支援その他の子どもの貧困対策に関する事項
四　子どもの貧困に関する調査及び研究に関する事項
3　内閣総理大臣は、大綱の案につき閣議の決定を求めなければならない。
4　内閣総理大臣は、前項の規定による閣議の決定があったときは、遅滞なく、大綱を公表しなければならない。
5　前2項の規定は、大綱の変更について準用する。
6　第2項第二号の「子どもの貧困率」及び「生活保護世帯に属する子どもの高等学校等進学率」の定義は、政令で定める。

第9条（都道府県子どもの貧困対策計画）
都道府県は、大綱を勘案して、当該都道府県における子どもの貧困対策についての計画（次項において「計画」という。）を定めるよう努めるものとする。
2　都道府県は、計画を定め、又は変更したときは、遅滞なく、これを公表しなければならない。

第10条（教育の支援）及び地方公共団体は、就学の援助、学資の援助、学習の支援その他の貧困の状況にある子どもの教育に関する支援のために必要な施策を講ずるものとする。

第11条（生活の支援）国及び地方公共団体は、貧困の状況にある子ども及びその保護者に対する生活に関する相談、貧困の状況にある子どもに対する社会との交流の機会の提供その他の貧困の状況にある子どもの生活に関する支援のために必要な施策を講ずるものとする。

第12条（保護者に対する就労の支援）
国及び地方公共団体は、貧困の状況にある子どもの保護者に対する職業訓練の実施及び就職のあっせんその他の貧困の状況にある子どもの保護者の自立を図るための就労の支援に関し必要な施策を講ずるものとする。

7．いじめ防止対策推進法〈抄〉
（平成25年6月28日　法律第71号）

第1章　総則

第1条（目的）この法律は、いじめが、いじめを受けた児童等の教育を受ける権利を著しく侵害し、その心身の健全な成長及び人格の形成に重大な影響を与えるのみならず、その生命又は身体に重大な危険を生じさせるおそれがあるものであることに鑑み、児童等の尊厳を保持するため、いじめの防止等（いじめの防止、いじめの早期発見及びいじめへの対処をいう。以下同じ。）のための対策に関し、基本理念を定め、国及び地方公共団体等の責務を明らかにし、並びにいじめの防止等のための対策に関する基本的な方針の策定について定めるとともに、いじめの防止等のための対策の基本となる事項を定めることにより、いじめの防止等のための対策を総合的かつ効果的に推進することを目的とする。

第2条（定義）この法律において「いじめ」とは、児童等に対して、当該児童等が在籍する学校に在籍している等当該児童等と一定の人的関係にある他の児童等が行う心理的又は物理的な影響を与える行為（インターネットを通じて行われるものを含む。）であって、当該行為の対象となった児童等が心身の苦痛を感じているものをいう。

2　この法律において「学校」とは、学校教育法（昭和22年法律第26号）第1条に規定する小学校、中学校、義務教育学校、高等学校、中等教育学校及び特別支援学校（幼稚部を除く。）をいう。

3　この法律において「児童等」とは、学校に在籍する児童又は生徒をいう。

4　この法律において「保護者」とは、親権を行う者（親権を行う者のないときは、未成年後見人）をいう。

第3条（基本理念）いじめの防止等のための対策は、いじめが全ての児童等に関係する問題であることに鑑み、児童等が安心して学習その他の活動に取り組むことができるよう、学校の内外を問わずいじめが行われなくなるようにすることを旨として行われなければならない。

2　いじめの防止等のための対策は、全ての児童等がいじめを行わず、及び他の児童等に対して行われるいじめを認識しながらこれを放置することがないようにするため、いじめが児童等の心身に及ぼす影響その他のいじめの問題に関する児童等の理解を深めることを旨として行われなければならない。

3　いじめの防止等のための対策は、いじめを受けた児童等の生命及び心身を保護することが特に重要であることを認識しつつ、国、地方公共団体、学校、地域住民、家庭その他の関係者の連携

の下、いじめの問題を克服することを目指して行われなければならない。

第4条（いじめの禁止）児童等は、いじめを行ってはならない。

第5条（国の責務）国は、第3条の基本理念（以下「基本理念」という。）にのっとり、いじめの防止等のための対策を総合的に策定し、及び実施する責務を有する。

第6条（地方公共団体の責務）地方公共団体は、基本理念にのっとり、いじめの防止等のための対策について、国と協力しつつ、当該地域の状況に応じた施策を策定し、及び実施する責務を有する。

第7条（学校の設置者の責務）学校の設置者は、基本理念にのっとり、その設置する学校におけるいじめの防止等のために必要な措置を講ずる責務を有する。

第8条（学校及び学校の教職員の責務）学校及び学校の教職員は、基本理念にのっとり、当該学校に在籍する児童等の保護者、地域住民、児童相談所その他の関係者との連携を図りつつ、学校全体でいじめの防止及び早期発見に取り組むとともに、当該学校に在籍する児童等がいじめを受けていると思われるときは、適切かつ迅速にこれに対処する責務を有する。

第9条（保護者の責務等）保護者は、子の教育について第一義的責任を有するものであって、その保護する児童等がいじめを行うことのないよう、当該児童等に対し、規範意識を養うための指導その他の必要な指導を行うよう努めるものとする。

2　保護者は、その保護する児童等がいじめを受けた場合には、適切に当該児童等をいじめから保護するものとする。

3　保護者は、国、地方公共団体、学校の設置者及びその設置する学校が講ずるいじめの防止等のための措置に協力するよう努めるものとする。

4　第1項の規定は、家庭教育の自主性が尊重されるべきことに変更を加えるものと解してはならず、また、前3項の規定は、いじめの防止等に関する学校の設置者及びその設置する学校の責任を軽減するものと解してはならない。

第2章　いじめ防止基本方針等

第11条（いじめ防止基本方針）文部科学大臣は、関係行政機関の長と連携協力して、いじめの防止等のための対策を総合的かつ効果的に推進するための基本的な方針（以下「いじめ防止基本方針」という。）を定めるものとする。

2　いじめ防止基本方針においては、次に掲げる事項を定めるものとする。

一　いじめの防止等のための対策の基本的な方向に関する事項

二　いじめの防止等のための対策の内容

に関する事項
三　その他いじめの防止等のための対策に関する重要事項
第12条（地方いじめ防止基本方針）地方公共団体は、いじめ防止基本方針を参酌し、その地域の実情に応じ、当該地方公共団体におけるいじめの防止等のための対策を総合的かつ効果的に推進するための基本的な方針（以下「地方いじめ防止基本方針」という。）を定めるよう努めるものとする。
第13条（学校いじめ防止基本方針）学校は、いじめ防止基本方針又は地方いじめ防止基本方針を参酌し、その学校の実情に応じ、当該学校におけるいじめの防止等のための対策に関する基本的な方針を定めるものとする。
第14条（いじめ問題対策連絡協議会）地方公共団体は、いじめの防止等に関係する機関及び団体の連携を図るため、条例の定めるところにより、学校、教育委員会、児童相談所、法務局又は地方法務局、都道府県警察その他の関係者により構成されるいじめ問題対策連絡協議会を置くことができる。
2　都道府県は、前項のいじめ問題対策連絡協議会を置いた場合には、当該いじめ問題対策連絡協議会におけるいじめの防止等に関係する機関及び団体の連携が当該都道府県の区域内の市町村が設置する学校におけるいじめの防止等に活用されるよう、当該いじめ問題対策連絡協議会と当該市町村の教育委員会との連携を図るために必要な措置を講ずるものとする。
3　前2項の規定を踏まえ、教育委員会といじめ問題対策連絡協議会との円滑な連携の下に、地方いじめ防止基本方針に基づく地域におけるいじめの防止等のための対策を実効的に行うようにするため必要があるときは、教育委員会に附属機関として必要な組織を置くことができるものとする。

第4章　いじめの防止等に関する措置

第22条（学校におけるいじめの防止等の対策のための組織）学校は、当該学校におけるいじめの防止等に関する措置を実効的に行うため、当該学校の複数の教職員、心理、福祉等に関する専門的な知識を有する者その他の関係者により構成されるいじめの防止等の対策のための組織を置くものとする。
第23条（いじめに対する措置）学校の教職員、地方公共団体の職員その他の児童等からの相談に応じる者及び児童等の保護者は、児童等からいじめに係る相談を受けた場合において、いじめの事実があると思われるときは、いじめを受けたと思われる児童等が在籍する学校への通報その他の適切な措置をとるものとする。
2　学校は、前項の規定による通報を受けたときその他当該学校に在籍する児

童等がいじめを受けていると思われるときは、速やかに、当該児童等に係るいじめの事実の有無の確認を行うための措置を講ずるとともに、その結果を当該学校の設置者に報告するものとする。

3 学校は、前項の規定による事実の確認によりいじめがあったことが確認された場合には、いじめをやめさせ、及びその再発を防止するため、当該学校の複数の教職員によって、心理、福祉等に関する専門的な知識を有する者の協力を得つつ、いじめを受けた児童等又はその保護者に対する支援及びいじめを行った児童等に対する指導又はその保護者に対する助言を継続的に行うものとする。

4 学校は、前項の場合において必要があると認めるときは、いじめを行った児童等についていじめを受けた児童等が使用する教室以外の場所において学習を行わせる等いじめを受けた児童等その他の児童等が安心して教育を受けられるようにするために必要な措置を講ずるものとする。

5 学校は、当該学校の教職員が第3項の規定による支援又は指導若しくは助言を行うに当たっては、いじめを受けた児童等の保護者といじめを行った児童等の保護者との間で争いが起きることのないよう、いじめの事案に係る情報をこれらの保護者と共有するための措置その他の必要な措置を講ずるものとする。

とする。

6 学校は、いじめが犯罪行為として取り扱われるべきものであると認めるときは所轄警察署と連携してこれに対処するものとし、当該学校に在籍する児童等の生命、身体又は財産に重大な被害が生じるおそれがあるときは直ちに所轄警察署に通報し、適切に、援助を求めなければならない。

第5章 重大事態への対処

第28条（学校の設置者又はその設置する学校による対処）学校の設置者又はその設置する学校は、次に掲げる場合には、その事態（以下「重大事態」という。）に対処し、及び当該重大事態と同種の事態の発生の防止に資するため、速やかに、当該学校の設置者又はその設置する学校の下に組織を設け、質問票の使用その他の適切な方法により当該重大事態に係る事実関係を明確にするための調査を行うものとする。

一 いじめにより当該学校に在籍する児童等の生命、心身又は財産に重大な被害が生じた疑いがあると認めるとき。

二 いじめにより当該学校に在籍する児童等が相当の期間学校を欠席することを余儀なくされている疑いがあると認めるとき。

2 学校の設置者又はその設置する学校は、前項の規定による調査を行ったと

きは、当該調査に係るいじめを受けた児童等及びその保護者に対し、当該調査に係る重大事態の事実関係等その他の必要な情報を適切に提供するものとする。
3 第1項の規定により学校が調査を行う場合においては、当該学校の設置者は、同項の規定による調査及び前項の規定による情報の提供について必要な指導及び支援を行うものとする。

8．教育職員免許法〈抄〉
（昭和24年5月31日　法律第147号）

　　　第1章　総則

第1条（この法律の目的）この法律は、教育職員の免許に関する基準を定め、教育職員の資質の保持と向上を図ることを目的とする。
第2条（定義）この法律において「教育職員」とは、学校（学校教育法（昭和22年法律第26号）第1条に規定する幼稚園、小学校、中学校、義務教育学校、高等学校、中等教育学校及び特別支援学校（第3項において「第1条学校」という。）並びに就学前の子どもに関する教育、保育等の総合的な提供の推進に関する法律（平成18年法律第77号）第2条第7項に規定する幼保連携型認定こども園（以下「幼保連携型認定こども園」という。）をいう。以下同じ。）の主幹教諭（幼保連携型認定こども園の主幹養護教諭及び主幹栄養教諭を含む。以下同じ。）、指導教諭、教諭、助教諭、養護教諭、養護助教諭、栄養教諭、主幹保育教諭、指導保育教諭、保育教諭、助保育教諭及び講師（以下「教員」という。）をいう。
2 この法律で「免許管理者」とは、免許状を有する者が教育職員及び文部科学省令で定める教育の職にある者である場合にあつてはその者の勤務地の都道府県の教育委員会、これらの者以外の者である場合にあつてはその者の住所地の都道府県の教育委員会をいう。
3 この法律において「所轄庁」とは、大学附置の国立学校（国（国立大学法人法（平成15年法律第112号）第2条第1項に規定する国立大学法人を含む。以下この項において同じ。）が設置する学校をいう。以下同じ。）又は公立学校（地方公共団体（地方独立行政法人法（平成15年法律第118号）第68条第1項に規定する公立大学法人（以下単に「公立大学法人」という。）を含む。）が設置する学校をいう。以下同じ。）の教員にあつてはその大学の学長、大学附置の学校以外の公立学校（第1条学校に限る。）の教員にあつてはその学校を所管する教育委員会、大学附置の学校以外の公立学校（幼保連携型認定こども園に限る。）の教員にあつてはその学校を所管する地

方公共団体の長、私立学校（国及び地方公共団体（公立大学法人を含む。）以外の者が設置する学校をいう。以下同じ。）の教員にあつては都道府県知事（地方自治法（昭和22年法律第67号）第252条の19第1項の指定都市又は同法第252条の22第1項の中核市（以下この項において「指定都市等」という。）の区域内の幼保連携型認定こども園の教員にあつては、当該指定都市等の長）をいう。

4　この法律で「自立教科等」とは、理療（あん摩、マッサージ、指圧等に関する基礎的な知識技能の修得を目標とした教科をいう。）、理学療法、理容その他の職業についての知識技能の修得に関する教科及び学習上又は生活上の困難を克服し自立を図るために必要な知識技能の修得を目的とする教育に係る活動（以下「自立活動」という。）をいう。

5　この法律で「特別支援教育領域」とは、学校教育法第72条に規定する視覚障害者、聴覚障害者、知的障害者、肢体不自由者又は病弱者（身体虚弱者を含む。）に関するいずれかの教育の領域をいう。

第3条（免許）教育職員は、この法律により授与する各相当の免許状を有する者でなければならない。

2　前項の規定にかかわらず、主幹教諭（養護又は栄養の指導及び管理をつかさどる主幹教諭を除く。）及び指導教諭については各相当学校の教諭の免許状を有する者を、養護をつかさどる主幹教諭については養護教諭の免許状を有する者を、栄養の指導及び管理をつかさどる主幹教諭については栄養教諭の免許状を有する者を、講師については各相当学校の教員の相当免許状を有する者を、それぞれ充てるものとする。

3　特別支援学校の教員（養護又は栄養の指導及び管理をつかさどる主幹教諭、養護教諭、養護助教諭、栄養教諭並びに特別支援学校において自立教科等の教授を担任する教員を除く。）については、第1項の規定にかかわらず、特別支援学校の教員の免許状のほか、特別支援学校の各部に相当する学校の教員の免許状を有する者でなければならない。

4　義務教育学校の教員（養護又は栄養の指導及び管理をつかさどる主幹教諭、養護教諭、養護助教諭並びに栄養教諭を除く。）については、第1項の規定にかかわらず、小学校の教員の免許状及び中学校の教員の免許状を有する者でなければならない。

5　中等教育学校の教員（養護又は栄養の指導及び管理をつかさどる主幹教諭、養護教諭、養護助教諭並びに栄養教諭を除く。）については、第1項の規定にかかわらず、中学校の教員の免許状及び高等学校の教員の免許状を有する者でなければならない。

6　幼保連携型認定こども園の教員の免

許については、第1項の規定にかかわらず、就学前の子どもに関する教育、保育等の総合的な提供の推進に関する法律の定めるところによる。

第3条の2（免許状を要しない非常勤の講師）次に掲げる事項の教授又は実習を担任する非常勤の講師については、前条の規定にかかわらず、各相当学校の教員の相当免許状を有しない者を充てることができる。

一　小学校における次条第6項第一号に掲げる教科の領域の一部に係る事項

二　中学校における次条第5項第一号に掲げる教科及び第16条の3第1項の文部科学省令で定める教科の領域の一部に係る事項

三　義務教育学校における前二号に掲げる事項

四　高等学校における次条第5項第二号に掲げる教科及び第16条の3第1項の文部科学省令で定める教科の領域の一部に係る事項

五　中等教育学校における第二号及び前号に掲げる事項

六　特別支援学校（幼稚部を除く。）における第一号、第二号及び第四号に掲げる事項並びに自立教科等の領域の一部に係る事項

七　教科に関する事項で文部科学省令で定めるもの

2　前項の場合において、非常勤の講師に任命し、又は雇用しようとする者は、あらかじめ、文部科学省令で定めるところにより、その旨を第5条第7項で定める授与権者に届け出なければならない。

第2章　免許状

第4条（種類）免許状は、普通免許状、特別免許状及び臨時免許状とする。

2　普通免許状は、学校（義務教育学校、中等教育学校及び幼保連携型認定こども園を除く。）の種類ごとの教諭の免許状、養護教諭の免許状及び栄養教諭の免許状とし、それぞれ専修免許状、一種免許状及び二種免許状（高等学校教諭の免許状にあつては、専修免許状及び一種免許状）に区分する。

3　特別免許状は、学校（幼稚園、義務教育学校、中等教育学校及び幼保連携型認定こども園を除く。）の種類ごとの教諭の免許状とする。

4　臨時免許状は、学校（義務教育学校、中等教育学校及び幼保連携型認定こども園を除く。）の種類ごとの助教諭の免許状及び養護助教諭の免許状とする。

5　中学校及び高等学校の教員の普通免許状及び臨時免許状は、次に掲げる各教科について授与するものとする。

一　中学校の教員にあつては、国語、社会、数学、理科、音楽、美術、保健体育、保健、技術、家庭、職業（職業指導及び職業実習（農業、工業、商業、水産及び商船のうちいずれか一以上の

実習とする。以下同じ。）を含む。）、職業指導、職業実習、外国語（英語、ドイツ語、フランス語その他の各外国語に分ける。）及び宗教
二　高等学校の教員にあつては、国語、地理歴史、公民、数学、理科、音楽、美術、工芸、書道、保健体育、保健、看護、看護実習、家庭、家庭実習、情報、情報実習、農業、農業実習、工業、工業実習、商業、商業実習、水産、水産実習、福祉、福祉実習、商船、商船実習、職業指導、外国語（英語、ドイツ語、フランス語その他の各外国語に分ける。）及び宗教
6　小学校教諭、中学校教諭及び高等学校教諭の特別免許状は、次に掲げる教科又は事項について授与するものとする。
一　小学校教諭にあつては、国語、社会、算数、理科、生活、音楽、図画工作、家庭、体育及び外国語（英語、ドイツ語、フランス語その他の各外国語に分ける。）
二　中学校教諭にあつては、前項第一号に掲げる各教科及び第16条の3第1項の文部科学省令で定める教科
三　高等学校教諭にあつては、前項第二号に掲げる各教科及びこれらの教科の領域の一部に係る事項で第16条の4第1項の文部科学省令で定めるもの並びに第16条の3第1項の文部科学省令で定める教科
第4条の2　（種類）特別支援学校の教員の普通免許状及び臨時免許状は、1又は2以上の特別支援教育領域について授与するものとする。
2　特別支援学校において専ら自立教科等の教授を担任する教員の普通免許状及び臨時免許状は、前条第2項の規定にかかわらず、文部科学省令で定めるところにより、障害の種類に応じて文部科学省令で定める自立教科等について授与するものとする。
3　特別支援学校教諭の特別免許状は、前項の文部科学省令で定める自立教科等について授与するものとする。
第5条（授与）普通免許状は、別表第1、別表第2若しくは別表第2の2に定める基礎資格を有し、かつ、大学若しくは文部科学大臣の指定する養護教諭養成機関において別表第1、別表第2若しくは別表第2の2に定める単位を修得した者又はその免許状を授与するため行う教育職員検定に合格した者に授与する。ただし、次の各号のいずれかに該当する者には、授与しない。
一　18歳未満の者
二　高等学校を卒業しない者（通常の課程以外の課程におけるこれに相当するものを修了しない者を含む。）。ただし、文部科学大臣において高等学校を卒業した者と同等以上の資格を有すると認めた者を除く。
三　成年被後見人又は被保佐人
四　禁錮以上の刑に処せられた者
五　第10条第1項第二号又は第三号に

該当することにより免許状がその効力を失い、当該失効の日から3年を経過しない者
六　第11条第1項から第3項までの規定により免許状取上げの処分を受け、当該処分の日から3年を経過しない者
七　日本国憲法施行の日以後において、日本国憲法又はその下に成立した政府を暴力で破壊することを主張する政党その他の団体を結成し、又はこれに加入した者
2　前項本文の規定にかかわらず、別表第1から別表第2の2までに規定する普通免許状に係る所要資格を得た日の翌日から起算して10年を経過する日の属する年度の末日を経過した者に対する普通免許状の授与は、その者が免許状更新講習（第9条の3第1項に規定する免許状更新講習をいう。以下第9条の2までにおいて同じ。）の課程を修了した後文部科学省令で定める二年以上の期間内にある場合に限り、行うものとする。
3　特別免許状は、教育職員検定に合格した者に授与する。ただし、第1項各号のいずれかに該当する者には、授与しない。
4　前項の教育職員検定は、次の各号のいずれにも該当する者について、教育職員に任命し、又は雇用しようとする者が、学校教育の効果的な実施に特に必要があると認める場合において行う推薦に基づいて行うものとする。

一　担当する教科に関する専門的な知識経験又は技能を有する者
二　社会的信望があり、かつ、教員の職務を行うのに必要な熱意と識見を持つている者
5　第7項で定める授与権者は、第3項の教育職員検定において合格の決定をしようとするときは、あらかじめ、学校教育に関し学識経験を有する者その他の文部科学省令で定める者の意見を聴かなければならない。
6　臨時免許状は、普通免許状を有する者を採用することができない場合に限り、第1項各号のいずれにも該当しない者で教育職員検定に合格したものに授与する。ただし、高等学校助教諭の臨時免許状は、次の各号のいずれかに該当する者以外の者には授与しない。
一　短期大学士の学位又は準学士の称号を有する者
二　文部科学大臣が前号に掲げる者と同等以上の資格を有すると認めた者
7　免許状は、都道府県の教育委員会（以下「授与権者」という。）が授与する。
第9条（効力）普通免許状は、その授与の日の翌日から起算して10年を経過する日の属する年度の末日まで、すべての都道府県（中学校及び高等学校の教員の宗教の教科についての免許状にあつては、国立学校又は公立学校の場合を除く。次項及び第3項において同じ。）において効力を有する。

2　特別免許状は、その授与の日の翌日から起算して10年を経過する日の属する年度の末日まで、その免許状を授与した授与権者の置かれる都道府県においてのみ効力を有する。

3　臨時免許状は、その免許状を授与したときから3年間、その免許状を授与した授与権者の置かれる都道府県においてのみ効力を有する。

4　第1項の規定にかかわらず、その免許状に係る別表第1から別表第8までに規定する所要資格を得た日、第16条の2第1項に規定する教員資格認定試験に合格した日又は第16条の3第2項若しくは第17条第1項に規定する文部科学省令で定める資格を有することとなつた日の属する年度の翌年度の初日以後、同日から起算して10年を経過する日までの間に授与された普通免許状（免許状更新講習の課程を修了した後文部科学省令で定める2年以上の期間内に授与されたものを除く。）の有効期間は、当該10年を経過する日までとする。

5　普通免許状又は特別免許状を2以上有する者の当該2以上の免許状の有効期間は、第1項、第2項及び前項並びに次条第4項及び第5項の規定にかかわらず、それぞれの免許状に係るこれらの規定による有効期間の満了の日のうち最も遅い日までとする。

第9条の2　（有効期間の更新及び延長）
　免許管理者は、普通免許状又は特別免許状の有効期間を、その満了の際、その免許状を有する者の申請により更新することができる。

2　前項の申請は、申請書に免許管理者が定める書類を添えて、これを免許管理者に提出してしなければならない。

3　第1項の規定による更新は、その申請をした者が当該普通免許状又は特別免許状の有効期間の満了する日までの文部科学省令で定める2年以上の期間内において免許状更新講習の課程を修了した者である場合又は知識技能その他の事項を勘案して免許状更新講習を受ける必要がないものとして文部科学省令で定めるところにより免許管理者が認めた者である場合に限り、行うものとする。

4　第1項の規定により更新された普通免許状又は特別免許状の有効期間は、更新前の有効期間の満了の日の翌日から起算して10年を経過する日の属する年度の末日までとする。

5　免許管理者は、普通免許状又は特別免許状を有する者が、次条第3項第一号に掲げる者である場合において、同条第4項の規定により免許状更新講習を受けることができないことその他文部科学省令で定めるやむを得ない事由により、その免許状の有効期間の満了の日までに免許状更新講習の課程を修了することが困難であると認めるときは、文部科学省令で定めるところにより相当の期間を定めて、その免許状の

有効期間を延長するものとする。
6　免許状の有効期間の更新及び延長に関する手続その他必要な事項は、文部科学省令で定める。

第9条の3（免許状更新講習）免許状更新講習は、大学その他文部科学省令で定める者が、次に掲げる基準に適合することについての文部科学大臣の認定を受けて行う。
一　講習の内容が、教員の職務の遂行に必要なものとして文部科学省令で定める事項に関する最新の知識技能を修得させるための課程（その一部として行われるものを含む。）であること。
二　講習の講師が、次のいずれかに該当する者であること。
　イ　文部科学大臣が第16条の3第4項の政令で定める審議会等に諮問して免許状の授与の所要資格を得させるために適当と認める課程を有する大学において、当該課程を担当する教授、准教授又は講師の職にある者
　ロ　イに掲げる者に準ずるものとして文部科学省令で定める者
三　講習の課程の修了の認定（課程の一部の履修の認定を含む。）が適切に実施されるものであること。
四　その他文部科学省令で定める要件に適合するものであること。
2　前項に規定する免許状更新講習（以下単に「免許状更新講習」という。）の時間は、30時間以上とする。
3　免許状更新講習は、次に掲げる者に限り、受けることができる。
一　教育職員及び文部科学省令で定める教育の職にある者
二　教育職員に任命され、又は雇用されることとなつている者及びこれに準ずるものとして文部科学省令で定める者
4　前項の規定にかかわらず、公立学校の教員であつて教育公務員特例法（昭和24年法律第1号）第25条第1項に規定する指導改善研修（以下この項及び次項において単に「指導改善研修」という。）を命ぜられた者は、その指導改善研修が終了するまでの間は、免許状更新講習を受けることができない。
5　前項に規定する者の任命権者（免許管理者を除く。）は、その者に指導改善研修を命じたとき、又はその者の指導改善研修が終了したときは、速やかにその旨を免許管理者に通知しなければならない。
6　文部科学大臣は、第1項の規定による認定に関する事務を独立行政法人教職員支援機構（第16条の2第3項及び別表第3備考第11号において「機構」という。）に行わせるものとする。
7　前各項に規定するもののほか、免許状更新講習に関し必要な事項は、文部科学省令で定める。
（第9条の4は省略）
第9条の5（二種免許状を有する者の一種免許状の取得に係る努力義務）教育職員で、その有する相当の免許状（主

幹教諭（養護又は栄養の指導及び管理をつかさどる主幹教諭を除く。）及び指導教諭についてはその有する相当学校の教諭の免許状、養護をつかさどる主幹教諭についてはその有する養護教諭の免許状、栄養の指導及び管理をつかさどる主幹教諭についてはその有する栄養教諭の免許状、講師についてはその有する相当学校の教員の相当免許状）が二種免許状であるものは、相当の一種免許状の授与を受けるように努めなければならない。

　　　第3章　免許状の失効及び取上げ

第10条（失効）免許状を有する者が、次の各号のいずれかに該当する場合には、その免許状はその効力を失う。
一　第五条第1項第三号、第四号又は第七号に該当するに至つたとき。
二　公立学校の教員であつて懲戒免職の処分を受けたとき。
三　公立学校の教員（地方公務員法（昭和25年法律第261号）第29条の2第1項各号に掲げる者に該当する者を除く。）であつて同法第28条第1項第一号又は第三号に該当するとして分限免職の処分を受けたとき。
2　前項の規定により免許状が失効した者は、速やかに、その免許状を免許管理者に返納しなければならない。

9．学校教育法施行規則〈抄〉
（昭和22年5月23日　文部省令第11号）

　　　第4章　小学校
　　　第1節　設備編制

第44条　小学校には、教務主任及び学年主任を置くものとする。
2　前項の規定にかかわらず、第4項に規定する教務主任の担当する校務を整理する主幹教諭を置くときその他特別の事情のあるときは教務主任を、第五項に規定する学年主任の担当する校務を整理する主幹教諭を置くときその他特別の事情のあるときは学年主任を、それぞれ置かないことができる。
3　教務主任及び学年主任は、指導教諭又は教諭をもつて、これに充てる。
4　教務主任は、校長の監督を受け、教育計画の立案その他の教務に関する事項について連絡調整及び指導、助言に当たる。
5　学年主任は、校長の監督を受け、当該学年の教育活動に関する事項について連絡調整及び指導、助言に当たる。
第45条　小学校においては、保健主事を置くものとする。
2　前項の規定にかかわらず、第4項に規定する保健主事の担当する校務を整理する主幹教諭を置くときその他特別の事情のあるときは、保健主事を置かないことができる。

3　保健主事は、指導教諭、教諭又は養護教諭をもって、これに充てる。
4　保健主事は、校長の監督を受け、小学校における保健に関する事項の管理に当たる。

第46条　小学校には、事務長又は事務主任を置くことができる。
2　事務長及び事務主任は、事務職員をもって、これに充てる。
3　事務長は、校長の監督を受け、事務職員その他の職員が行う事務を総括する。
4　事務主任は、校長の監督を受け、事務に関する事項について連絡調整及び指導、助言に当たる。

第47条　小学校においては、前3条に規定する教務主任、学年主任、保健主事及び事務主任のほか、必要に応じ、校務を分担する主任等を置くことができる。

第48条　小学校には、設置者の定めるところにより、校長の職務の円滑な執行に資するため、職員会議を置くことができる。
2　職員会議は、校長が主宰する。

第5章　中学校

第70条　中学校には、生徒指導主事を置くものとする。
2　前項の規定にかかわらず、第4項に規定する生徒指導主事の担当する校務を整理する主幹教諭を置くときその他特別の事情のあるときは、生徒指導主事を置かないことができる。
3　生徒指導主事は、指導教諭又は教諭をもって、これに充てる。
4　生徒指導主事は、校長の監督を受け、生徒指導に関する事項をつかさどり、当該事項について連絡調整及び指導、助言に当たる。

第71条　中学校には、進路指導主事を置くものとする。
2　前項の規定にかかわらず、第3項に規定する進路指導主事の担当する校務を整理する主幹教諭を置くときは、進路指導主事を置かないことができる。
3　進路指導主事は、指導教諭又は教諭をもって、これに充てる。校長の監督を受け、生徒の職業選択の指導その他の進路の指導に関する事項をつかさどり、当該事項について連絡調整及び指導、助言に当たる。

第6章　高等学校

第81条　2以上の学科を置く高等学校には、専門教育を主とする学科（以下「専門学科」という。）ごとに学科主任を置き、農業に関する専門学科を置く高等学校には、農場長を置くものとする。
2　前項の規定にかかわらず、第4項に規定する学科主任の担当する校務を整理する主幹教諭を置くときその他特別の事情のあるときは学科主任を、第5

項に規定する農場長の担当する校務を整理する主幹教諭を置くときその他特別の事情のあるときは農場長を、それぞれ置かないことができる。
3 学科主任及び農場長は、指導教諭又は教諭をもつて、これに充てる。
4 学科主任は、校長の監督を受け、当該学科の教育活動に関する事項について連絡調整及び指導、助言に当たる。

10. 地方公務員法〈抄〉
（昭和25年12月13日　法律第261号）

第3章　職員に適用される基準
第5節　分限及び懲戒

第27条（分限及び懲戒の基準）すべて職員の分限及び懲戒については、公正でなければならない。
2　職員は、この法律で定める事由による場合でなければ、その意に反して、降任され、若しくは免職されず、この法律又は条例で定める事由による場合でなければ、その意に反して、休職されず、又、条例で定める事由による場合でなければ、その意に反して降給されることがない。
3　職員は、この法律で定める事由による場合でなければ、懲戒処分を受けることがない。
第28条（降任、免職、休職等）職員が、次の各号に掲げる場合のいずれかに該当するときは、その意に反して、これを降任し、又は免職することができる。
一　人事評価又は勤務の状況を示す事実に照らして、勤務実績がよくない場合
二　心身の故障のため、職務の遂行に支障があり、又はこれに堪えない場合
三　前二号に規定する場合のほか、その職に必要な適格性を欠く場合
四　職制若しくは定数の改廃又は予算の減少により廃職又は過員を生じた場合
2　職員が、左の各号の一に該当する場合においては、その意に反してこれを休職することができる。
一　心身の故障のため、長期の休養を要する場合
二　刑事事件に関し起訴された場合
3　職員の意に反する降任、免職、休職及び降給の手続及び効果は、法律に特別の定がある場合を除く外、条例で定めなければならない。
4　職員は、第16条各号（第三号を除く。）の一に該当するに至つたときは、条例に特別の定がある場合を除く外、その職を失う。
第28条の2（定年による退職）職員は、定年に達したときは、定年に達した日以後における最初の3月31日までの間において、条例で定める日（以下「定年退職日」という。）に退職する。
2　前項の定年は、国の職員につき定められている定年を基準として条例で定めるものとする。

3　前項の場合において、地方公共団体における当該職員に関しその職務と責任に特殊性があること又は欠員の補充が困難であることにより国の職員につき定められている定年を基準として定めることが実情に即さないと認められるときは、当該職員の定年については、条例で別の定めをすることができる。この場合においては、国及び他の地方公共団体の職員との間に権衡を失しないように適当な考慮が払われなければならない。

4　前3項の規定は、臨時的に任用される職員その他の法律により任期を定めて任用される職員及び非常勤職員には適用しない。

第28条の3　（定年による退職の特例）
任命権者は、定年に達した職員が前条第1項の規定により退職すべきこととなる場合において、その職員の職務の特殊性又はその職員の職務の遂行上の特別の事情からみてその退職により公務の運営に著しい支障が生ずると認められる十分な理由があるときは、同項の規定にかかわらず、条例で定めるところにより、その職員に係る定年退職日の翌日から起算して1年を超えない範囲内で期限を定め、その職員を当該職務に従事させるため引き続いて勤務させることができる。

2　任命権者は、前項の期限又はこの項の規定により延長された期限が到来する場合において、前項の事由が引き続き存すると認められる十分な理由があるときは、条例で定めるところにより、1年を超えない範囲内で期限を延長することができる。ただし、その期限は、その職員に係る定年退職日の翌日から起算して3年を超えることができない。

第28条の4　（定年退職者等の再任用）
任命権者は、当該地方公共団体の定年退職者等（第28条の2第1項の規定により退職した者若しくは前条の規定により勤務した後退職した者又は定年退職日以前に退職した者のうち勤続期間等を考慮してこれらに準ずるものとして条例で定める者をいう。以下同じ。）を、従前の勤務実績等に基づく選考により、1年を超えない範囲内で任期を定め、常時勤務を要する職に採用することができる。ただし、その者がその者を採用しようとする職に係る定年に達していないときは、この限りでない。

2　前項の任期又はこの項の規定により更新された任期は、条例で定めるところにより、1年を超えない範囲内で更新することができる。

3　前2項の規定による任期については、その末日は、その者が条例で定める年齢に達する日以後における最初の3月31日までの間において条例で定める日以前でなければならない。

4　前項の年齢は、国の職員につき定められている任期の末日に係る年齢を基

準として定めるものとする。

5　第1項の規定による採用については、第22条第1項の規定は、適用しない。

第28条の5（定年退職者等の再任用）
任命権者は、当該地方公共団体の定年退職者等を、従前の勤務実績等に基づく選考により、1年を超えない範囲内で任期を定め、短時間勤務の職（当該職を占める職員の1週間当たりの通常の勤務時間が、常時勤務を要する職でその職務が当該短時間勤務の職と同種のものを占める職員の1週間当たりの通常の勤務時間に比し短い時間であるものをいう。第3項及び次条第2項において同じ。）に採用することができる。

2　前項の規定により採用された職員の任期については、前条第2項から第4項までの規定を準用する。

3　短時間勤務の職については、定年退職者等のうち第28条の2第1項から第3項までの規定の適用があるものとした場合の当該職に係る定年に達した者に限り任用することができるものとする。

第28条の6（定年退職者等の再任用）
第28条の4第1項本文の規定によるほか、地方公共団体の組合を組織する地方公共団体の任命権者にあつては当該地方公共団体が組織する地方公共団体の組合の定年退職者等を、地方公共団体の組合の任命権者にあつては当該地方公共団体の組合を組織する地方公共団体の定年退職者等を、従前の勤務実績等に基づく選考により、1年を超えない範囲内で任期を定め、常時勤務を要する職に採用することができる。この場合においては、同項ただし書及び同条第5項の規定を準用する。

2　前条第1項の規定によるほか、地方公共団体の組合を組織する地方公共団体の任命権者にあつては当該地方公共団体が組織する地方公共団体の組合の定年退職者等を、地方公共団体の組合の任命権者にあつては当該地方公共団体の組合を組織する地方公共団体の定年退職者等を、従前の勤務実績等に基づく選考により、1年を超えない範囲内で任期を定め、短時間勤務の職に採用することができる。この場合においては、同条第3項の規定を準用する。

3　前2項の規定により採用された職員の任期については、第28条の4第2項から第4項までの規定を準用する。

第3章　職員に適用される基準
第6節　服務

第30条（服務の根本基準）すべて職員は、全体の奉仕者として公共の利益のために勤務し、且つ、職務の遂行に当つては、全力を挙げてこれに専念しなければならない。

第31条（服務の宣誓）職員は、条例の定めるところにより、服務の宣誓をし

なければならない。

第32条（法令等及び上司の職務上の命令に従う義務）職員は、その職務を遂行するに当つて、法令、条例、地方公共団体の規則及び地方公共団体の機関の定める規程に従い、且つ、上司の職務上の命令に忠実に従わなければならない。

第33条（信用失墜行為の禁止）職員は、その職の信用を傷つけ、又は職員の職全体の不名誉となるような行為をしてはならない。

第34条（秘密を守る義務）職員は、職務上知り得た秘密を漏らしてはならない。その職を退いた後も、また、同様とする。

2　法令による証人、鑑定人等となり、職務上の秘密に属する事項を発表する場合においては、任命権者（退職者については、その退職した職又はこれに相当する職に係る任命権者）の許可を受けなければならない。

3　前項の許可は、法律に特別の定がある場合を除く外、拒むことができない。

第35条（職務に専念する義務）職員は、法律又は条例に特別の定がある場合を除く外、その勤務時間及び職務上の注意力のすべてをその職責遂行のために用い、当該地方公共団体がなすべき責を有する職務にのみ従事しなければならない。

■執筆者紹介

田邊　昭雄（たなべ　あきお）
　　　　　第1章・第3章・第5章・おわりに
　　　東京情報大学総合情報学部教職課程 嘱託教授

原田　恵理子（はらだ　えりこ）
　　　　　はじめに・第4章・第6章
　　　東京情報大学総合情報学部教職課程 准教授

森山　賢一（もりやま　けんいち）　　第2章
　　　玉川大学大学院教育学研究科 教授
　　　東京情報大学 客員教授

【コラム】
　　　藤平　秀幸　（第1章）
　　　鈴木　希彦　（第2章）
　　　齋藤　諭　　（第3章）
　　　張　　愛子　（第4章）
　　　林　　修一　（第5章）

基礎基本シリーズ ④
教員の在り方と資質向上

2018年8月30日　初版第1刷発行

■著　　者──田邊昭雄・原田恵理子・森山賢一
■発 行 者──佐藤　守
■発 行 所──株式会社 大学教育出版
　　　　　　〒700-0953　岡山市南区西市855-4
　　　　　　電話(086)244-1268(代)　FAX(086)246-0294
■ＤＴＰ────難波田見子
■印刷製本───モリモト印刷(株)

© Akio Tanabe, Eriko Harada, Ken-ichi Moriyama 2018, Printed in Japan
検印省略　　落丁・乱丁本はお取り替えいたします。
本書のコピー・スキャン・デジタル化等の無断複製は著作権法上での例外を除き禁じられています。本書を代行業者等の第三者に依頼してスキャンやデジタル化することは、たとえ個人や家庭内での利用でも著作権法違反です。

ISBN978-4-86429-529-1